PROJET DE LOI

PORTANT SUPPRESSION DES CONTRIBUTIONS DIRECTES
ET ÉTABLISSEMENT D'UN

IMPOT GÉNÉRAL SUR LES REVENUS

ET D'UN
IMPOT COMPLÉMENTAIRE SUR L'ENSEMBLE DU REVENU

Présenté au nom de

M. ARMAND FALLIÈRES
PRÉSIDENT DE LA RÉPUBLIQUE FRANÇAISE

PAR

M. J. CAILLAUX
MINISTRE DES FINANCES

NIORT
CLOUZOT, LIBRAIRE-ÉDITEUR
22, RUE VICTOR HUGO, 22

1907

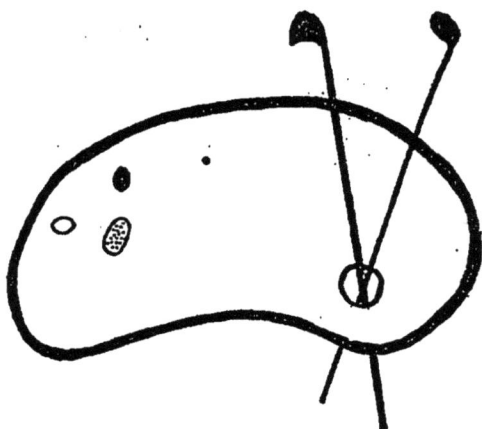

FIN D'UNE SÉRIE DE DOCUMENTS
EN COULEUR

IMPOT GÉNÉRAL SUR LES REVENUS

PROJET DE LOI

PORTANT SUPPRESSION DES CONTRIBUTIONS DIRECTES
ET ÉTABLISSEMENT D'UN

IMPOT GÉNÉRAL SUR LES REVENUS

ET D'UN

IMPOT COMPLÉMENTAIRE SUR L'ENSEMBLE DU REVENU

Présenté au nom de

M. ARMAND FALLIÈRES
PRÉSIDENT DE LA RÉPUBLIQUE FRANÇAISE

PAR

M. J. CAILLAUX
MINISTRE DES FINANCES

NIORT

G. CLOUZOT, LIBRAIRE-ÉDITEUR

22, RUE VICTOR HUGO, 22

—

1907

PROJET DE LOI

Le Président de la République française,

Décrète :

Article premier. — Cesseront d'être perçues à dater de la mise en vigueur de la présente loi :

1° La contribution foncière des propriétés bâties ;

2° La contribution foncière des propriétés non-bâties ;

3° La contribution personnelle-mobilière ;

4° La contribution des portes et fenêtres ;

5° La contribution des patentes.

Art. 2. — En remplacement de ces diverses contributions et taxes, il est établi un impôt général sur les revenus de toutes catégories, auquel il est ajouté un impôt complémentaire sur l'ensemble du revenu de chaque chef de famille.

TITRE I

De l'impôt général sur les revenus

ART. 3. — Les revenus imposables sont répartis en sept catégories, savoir :

1° Revenus des propriétés foncières bâties ;
2° Revenus des propriétés foncières non-bâties ;
3° Revenus des capitaux mobiliers ;
4° Bénéfices du commerce, de l'industrie et des charges et offices ;
5° Bénéfices de l'exploitation agricole ;
6° Traitements publics et privés, salaires, pensions et rentes viagères ;
7° Revenus des professions libérales et de toutes occupations lucratives non dénommées dans les précédentes catégories.

ART. 4. — En ce qui concerne les revenus autres que ceux des capitaux mobiliers, l'assiette et la perception de l'impôt sont faits annuellement par voie de rôles nominatifs établis, publiés et recouvrés comme en matière de contributions directes.

Les réclamations auxquelles ces rôles peuvent donner lieu sont également présentées, instruites et jugées comme en matière de contributions directes.

ART. 5. — Les taxes atteignant les revenus des capitaux mobiliers sont assises et perçues dans les conditions spéciales indiquées aux articles 19 à 31 ci-après.

Du taux de l'impôt dans chaque catégorie

ART. 6. — Le taux de l'impôt est fixé à :

4 fr. par 100 fr. de revenus dans les 1re, 2e, 3e catégories ;

3 fr. 50 par 100 fr. de revenus dans les 4e et 5e ;

3 fr. par 100 fr. de revenus dans les 6e et 7e.

De l'assiette de l'impôt dans chaque catégorie

1ʳᵉ CATÉGORIE

Revenus des propriétés bâties

ART. 7. — L'impôt sur le revenu des propriétés bâties est établi conformément aux dispositions des lois des 8 août 1885 (art. 35), 8 août 1890, 13 juillet 1900 (art. 2) et 12 avril 1906, en tant qu'elles visent la contribution foncière.

Il porte sur toutes les propriétés bâties à l'exception de celles qui remplissent la triple condition : 1° d'appartenir à l'Etat, aux départements, aux communes ou aux établissements publics ; 2° d'être affectées à un service d'utilité générale ; 3° d'être improductives de revenus.

2ᵉ CATÉGORIE

Revenus des propriétés non bâties

ART. 8. — Sont imposables dans la 2ᵉ catégorie toutes les propriétés non bâties, à l'exception de celles qui se trouvent dans les conditions prévues, pour les propriétés bâties, au 2ᵉ paragraphe de l'article précédent.

ART. 9. — L'impôt est établi au nom des propriétaires, dans les communes où sont situées les propriétés imposables. Il est calculé sur la valeur locative réelle de ces propriétés, évaluée comme il est indiqué ci-après, déduction faite du cinquième de la dite valeur locative.

ART. 10. — La valeur locative des propriétés non bâties est déterminée, dans chaque commune, par le contrôleur des contributions directes assisté d'une commission comprenant le percepteur, le maire et cinq propriétaires fonciers de la commune dont deux domiciliés dans d'autres localités, s'il s'en trouve au moins quatre remplissant cette dernière condition.

Ces propriétaires sont désignés par le préfet qui les

choisit sur une liste de dix noms proposés par le
conseil municipal.

Cinq commissaires suppléants sont également
nommés, dans les mêmes conditions.

Art. 11. — La date fixée pour l'ouverture des opérations dans chaque commune est portée collective-
ment à la connaissance des propriétaires qui y sont
domiciliés par des avis publiés et affichés en la forme
accoutumée pour les annonces administratives. Elle
est notifiée aux propriétaires forains par voie d'avis
individuels adressés à leur domicile.

Dans le délai d'un mois à partir de cette date, les
propriétaires sont tenus de faire à la mairie ou d'en-
voyer au maire une déclaration indiquant la contenance par nature de culture et par lieu-dit des immeubles non bâtis qu'ils possèdent dans la commune. En
cas d'omission de déclaration dans le délai imparti, ou
s'il a été fait une déclaration frauduleuse, l'évaluation
ne peut être contestée, sauf pour faire rectifier les
erreurs matérielles.

Art. 12. — L'évaluation a pour objet de faire
ressortir en un chiffre global la valeur locative réelle
de l'ensemble des immeubles non bâtis possédés dans
la commune par chaque propriétaire.

Cette valeur locative est déterminée soit au moyen
de baux authentiques ou de déclarations de location
verbale dûment enregistrés, soit par comparaison
avec les propriétés similaires dont le loyer a été régulièrement constaté ou est notoirement connu, soit par
l'application aux valeurs vénales accusées par les
actes translatifs de taux d'intérêt ne descendant pas
au-dessous de 2 0/0, soit enfin à défaut de ces bases,
par voie d'appréciation directe.

Art. 13. — Sous réserve de l'exception visée à l'article 11 pour les cas d'omission de déclaration ou de
déclaration frauduleuse, tout propriétaire d'immeubles non bâtis est admis à réclamer contre l'évaluation globale attribuée à l'ensemble des propriétés non
bâties qu'il possède dans la commune. Le délai de

réclamation est ouvert pendant six mois à dater de la publication du premier rôle dans lequel les résultats de la nouvelle évaluation ont été appliqués et pendant trois mois à partir de la publication des deux rôles suivants.

En ce qui concerne les rôles subséquents, tous les propriétaires sont admis à réclamer pendant les trois mois de la publication de chaque rôle, lorsque la valeur locative de l'ensemble de leurs immeubles a subi une baisse notable et durable, par suite d'évènements imprévus, indépendants de la volonté des intéressés et affectant le fonds même du terrain.

Art. 14. — Les évaluations servant de base à l'impôt sur le revenu des propriétés non bâties seront revisées tous les dix ans. Elle ne pourront être modifiées au cours de la période décennale que dans le cas visé au 2ᵉ paragraphe de l'article précédent, dans le cas d'accroissements et de pertes de matière imposable, et dans le cas de division de propriété par suite de mutation.

Art. 15. — Dans le cas de division de propriété par suite de mutation, la valeur locative globale de l'ensemble de cette propriété est partagée d'après les indications fournies par les parties lorsque celles-ci se sont entendues à cet égard et qu'elles ont fait connaître au contrôleur des contributions directes la portion de la valeur locative, globale qu'elles attribuent, d'un commun accord, aux diverses fractions de la propriété. Les déclarations remises au contrôleur dans les cas de l'espèce doivent, sous peine de nullité, être signées par tous les intéressés ou par leurs représentants autorisés. Les propriétaires peuvent se dispenser de ces déclarations en insérant dans les actes translatifs les renseignements qu'elles doivent contenir.

A défaut de déclaration dans le délai de trois mois à dater de la mutation ou de mention en tenant lieu insérée dans l'acte translatif, la répartition de la valeur locative globale de la propriété divisée est faite d'office et à titre définitif par le contrôleur des contributions directes.

Art. 16. — Les propriétaires fonciers qui exploitent pour leur compte et qui n'ont pas d'autres ressources que celles qu'ils tirent de cette exploitation ont droit aux dégrèvements ci-après lorsque ler evenu imposable total de leurs propriétés non bâties ne dépasse pas 500 fr. :

1° Revenu imposable de 300 fr. et au-dessous; dégrèvement des 3/5 de la cotisation;

2° Revenu imposable compris entre 301 et 400 fr. ; dégrèvement des 2/5 de la cotisation.

3° Revenu imposable compris entre 401 et 500 fr. ; dégrèvement de 1/5 de la cotisation.

Art. 17. — Pour obtenir le bénéfice de ces dégrèvements, les contribuables doivent faire annuellement, à la mairie de leur domicile réel, dans le délai d'un mois à partir de la publication du dernier des rôles dans lesquels ils sont imposés pour des revenus de la 2ᵉ catégorie, une déclaration de toutes leurs propriétés non bâties avec l'indication des localités où elles sont situées et du revenu imposable y afférent.

Ils doivent affirmer, en outre, dans cette déclaration :

1° Qu'ils ne sont pas cotisés pour d'autres propriétés non bâties :

2° Qu'ils n'ont pas d'autres ressources que celles qu'ils tirent de l'exploitation de leurs propriétés et que cette exploitation est effectuée par eux-mêmes ou pour leur compte.

Art. 18. — Quiconque aura sciemment, au moyen d'une fausse déclaration, obtenu ou tenté d'obtenir les dégrèvements prévus par l'article 16 ci-dessus, sera passible d'une amende de 100 à 200 fr., qui pourra être portée au double en cas de récidive.

L'amende sera prononcée par le tribunal correctionnel sur requête du procureur de la République qui sera saisi des fausses déclarations par le directeur des contributions directes. La prescription ne sera acquise qu'au bout de cinq ans à partir de la date de la déclaration.

3° CATÉGORIE

Revenus des capitaux mobiliers

ATR. 19. — L'impôt sur le revenu des capitaux mobiliers s'applique aux dividendes, intérêts, arrérages et tous autres produits :

1° Des actions, parts de fondateur, obligations, parts d'intérêts, commandites et emprunts de toute nature des sociétés et collectivités françaises et étrangères désignées respectivement dans les articles 1er à 4 de la loi du 29 juin 1872, ainsi que des rentes, emprunts et autres effets publics des colonies françaises ;

2° Des rentes, obligations et autres effets publics émis par les Etats étrangers ;

3° Des créances hypothécaires, privilégiées et chirographaires ;

4° Des dépôts de sommes d'argent, à vue ou à échéance fixe, quel que soit le dépositaire et quelle que soit l'affectation du dépôt :

5° Des cautionnements en numéraire.

En ce qui concerne les rentes, obligations et autres effets publics émis par l'Etat français, le titre lui-même demeure exempt de tout impôt spécial. Les particuliers résidant en France, dont la fortune comprend des valeurs de cette nature, devront acquitter l'impôt par catégorie sur les revenus qu'ils en tirent, dans des conditions à prévoir dans un règlement d'administration publique et exclusives de tout prélèvement direct sur le coupon.

ART. 20. — Sont affranchis de l'impôt sur le revenu :

1° Les intérêts des sommes inscrites sur les livrets des caisses d'épargne ;

2° Les intérêts des créances hypothécaires ou privilégiées, en représentation desquelles les sociétés ou compagnies autorisées par le gouvernement à faire des opérations de crédit foncier ont émis des obligations, titres ou valeurs soumis eux-mêmes à l'impôt sur le revenu.

ART. 21. — L'impôt est liquidé sur le montant brut des intérêts, dividendes, arrérages ou produits des valeurs désignées dans l'article 19 ci-dessus ; il est perçu par voie de prélèvement sur ces intérêts, arrérages ou produits au moment même de leur payement, sauf en ce qui concerne les valeurs prévues au dernier alinéa du dit article.

ART. 22. — L'impôt sur le revenu des valeurs mobilières françaises visées au paragraphe 1er de l'article 19 ci-dessus sera assis et perçu, sans exception ou modification d'aucune sorte, sur les bases et dans les conditions établies ou réglées par les lois des 29 juin 1872, 21 juin 1875 et les lois subséquentes.

Les dispositions de ces mêmes lois relatives aux valeurs mobilières étrangères sont abrogées et remplacées par les articles 24 et suivants de la présente loi.

Il n'est pas dérogé aux articles 3 et 4 de la loi du 28 décembre 1880, 9 de la loi du 29 décembre 1884, 4 de la loi du 26 décembre 1890 et 20 de la loi du 25 février 1901.

ART. 23. — Pour les créances hypothécaires privilégiées et chirographaires, pour les dépôts et cautionnements en numéraire, la retenue de l'impôt est opérée au moyen de l'apposition de timbres mobiles sur la quittance constatant le payement des intérêts, arrérages ou tous autres produits.

Le droit est à la charge exclusive du créancier, nonobstant toute clause contraire quelle qu'en soit la date ; toutefois, le créancier et le débiteur en sont tenus solidairement.

Toute infraction aux dispositions du présent article sera punie d'une amende de 50 fr. à la charge de chacun des contrevenants, indépendamment du payement par le créancier d'une somme égale au quintuple des droits fraudés.

ART. 24. — Pour les actions, obligations, titres d'emprunts, quelle que soit d'ailleurs leur dénomination, des sociétés, compagnies, entreprises, corporations, villes, provinces étrangères, et tout autre établissement public étranger, ainsi que pour les titres de rentes, emprunts et autres effets publics des gouvernements étrangers, la retenue de l'impôt est opérée par le banquier, changeur, ou toute autre personne qui effectue en France le payement des intérêts, arrérages ou tous autres produits.

ART. 25. — Quiconque fait profession ou commerce habituel de recueillir, encaisser, payer ou acheter des coupons, chèques ou tous autres instruments de crédit créés pour le payement des dividendes, intérêts, arrérages ou produits quelconques des titres ou valeurs désignés dans l'article précédent, doit en faire la déclaration au bureau de l'enregistrement de sa résidence.

Il est interdit aux banquiers, escompteurs, changeurs, agents de change, notaires, huissiers, receveurs de rentes, et d'une manière générale à tous ceux que désigne le premier alinéa du présent article, de recueillir, encaisser, payer, acheter ou négocier les coupons, chèques ou autres instruments de crédit visés par ledit alinéa, sans opérer immédiatement la retenue de l'impôt ou sans en faire l'avance si, par suite de contrats existants, l'impôt est à la charge de l'émetteur du titre, à moins qu'il ne leur soit justifié que cette retenue ou cette avance a été déjà effectuée par un précédent intermédiaire soumis aux prescriptions du présent article et des articles suivants.

ART. 26. — Toute personne qui demandera en France le payement de ces coupons, chèques ou instruments de crédit devra déposer, en même temps et à l'appui, un bordereau daté, mentionnant le nombre, la nature et la valeur des coupons, chèques ou instruments de crédit à payer.

Celui qui effectuera le payement devra inscrire immédiatement sur ce bordereau le montant de l'impôt qu'il aura retenu ou avancé, et le numéro du registre dont il sera question à l'article 28 ci-après, sous lequel il aura pris en charge cet impôt.

1

La partie prenante pourra exiger la remise d'un récépissé rappelant le nombre, la nature et la valeur des coupons, chèques ou autres instruments de crédit, la date de leur payement, le montant de l'impôt retenu, et le numéro du registre susindiqué.

Art. 27. — Les personnes désignées dans l'article 25 qui négocieront en France des coupons, chèques ou autres instruments de crédit sur lesquels l'impôt aura déjà été retenu soit par elles-mêmes, soit par un précédent intermédiaire, devront y joindre à l'appui de chaque transmission un bordereau daté, signé et mentionnant le nombre, la nature et la valeur des coupons, chèques ou instruments de crédit à encaisser ou négocier, ainsi que le montant de l'impôt retenu ou avancé, la désignation de la personne qui a opéré cette retenue, la date et le numéro du registre spécial sous lequel l'impôt a été pris en charge.

Art. 28. — Ces mêmes personnes devront tenir deux registres en papier non timbré, cotés et paraphés, sur lesquelles elles inscriront jour par jour, sans blanc ni interligne pour chaque déposant, vendeur ou correspondant, et par nature de valeurs, toute opération de payement ou de négociation de coupons, chèques ou autres instruments de crédit sujets à la retenue de l'impôt. Le premier de ces registres ne comprendra que les opérations ayant donné lieu à une retenue directe et effective ou à une avance de l'impôt ; le second s'appliquera aux négociations ultérieures de coupons, chèques ou autres instruments de crédit sur lesquels l'impôt aura été prélevé ou avancé par un précédent intermédiaire.

Les registres et les bordereaux seront conservés pendant deux ans et représentés à toutes réquisitions aux agents de l'enregistrement.

Les banquiers, changeurs, escompteurs et généralement toutes personnes faisant profession d'acheter ou de vendre des coupons pourront obtenir sur leur demande, pour les indemniser des frais que peuvent leur occasionner les obligations résultant pour eux

des articles 26 à 28, l'allocation de remises qui ne pourront excéder un franc par cent francs du montant
total de l'impôt prélevé ou avancé sur le revenu des
valeurs mobilières étrangères.

Un règlement d'administration publique déterminera les époques de versement de l'impôt, les indications que devront contenir les bordereaux et les registres, le mode de répartition des remises prévues à
l'alinéa précédent, ainsi que toutes les autres mesures
nécessaires pour le contrôle de la présente catégorie.

Art. 29. — Le propriétaire ou usufruitier de titres
ou valeurs mobilières étrangères, résidant en France,
qui, pour quelque cause que ce soit, aura reçu ou
encaissé à l'étranger, soit directement, soit par un
intermédiaire quelconque, les dividendes, intérêts,
arrérages ou tous autres produits de ces valeurs, devra
dans les trois premiers mois de l'année souscrire au
bureau de l'enregistrement la déclaration du montant
total de ces dividendes, intérêts, arrérages ou produits
encaissés au cours de l'année précédente et acquitter
la taxe sur ce total. Cette déclaration sera faite, si le
contribuable est assujetti à l'impôt complémentaire,
sur la formule même prévue pour ce dernier impôt à
l'article 62.

Lorsque l'administration, par un moyen quelconque, aura eu connaissance d'une infraction aux prescriptions contenues dans l'alinéa précédent, le contrevenant sera puni d'une amende égale à la moitié des
revenus encaissés à l'étranger et non déclarés indépendamment d'un cotisation égale au triple des
sommes dont le Trésor a été privé pour chacune des
années antérieures à celle de la découverte de la dissi-
mulation, sans toutefois que le droit de répétition
puisse s'étendre à plus de dix années.

Art. 30. — Les contraventions aux prescriptions
contenues dans l'article 25 et au règlement à intervenir en exécution de cet article pourront être constatées, en toute circonstance, au moyen de procès-verbaux dressés par les agents de l'enregistrement, les
officiers de police judiciaire, les agents de la force

publique, ceux des contributions directes, des contributions indirectes, des douanes et des postes.

Elles donneront lieu à des poursuites correctionnelles engagées à la requête de l'administration de l'enregistrement et seront punies d'une amende de 100 à 10.000 fr., indépendamment du quintuple droit sur les coupons, chèques, instruments de crédit, qui auraient été payés sans retenue de l'impôt.

Le produit des amendes prévues par le présent article sera réparti dans des conditions à déterminer par décret.

Les contraventions aux articles 26 à 28 et au règlement à intervenir en exécution de ces articles seront constatées et poursuivies comme en matière d'impôts sur les opérations de Bourse et punies d'une amende de 100 à 10.000 francs.

Art. 31. — Le recouvrement de l'impôt sur le revenu des valeurs mobilières sera assuré et les instances seront introduites et jugées comme en matière d'enregistrement, sous réserve de la procédure à suivre en ce qui concerne les contraventions visées au premier alinéa de l'article précédent.

Les dispositions de l'article 21 de la loi du 26 juillet 1893 seront applicables aux actions respectives du Trésor et des redevables, sauf dans le cas prévu à l'article 29.

4ᵉ CATÉGORIE

Bénéfices des professions industrielles et commerciales

Art. 32. — L'impôt sur les bénéfices des professions industrielles et commerciales ainsi que des charges et offices est établi annuellement à raison des revenus professionnels réalisés pendant l'année précédente.

Le revenu imposable est constitué par l'excédent des recettes brutes sur les dépenses inhérentes à l'exercice de la profession.

Art. 33. — Les taxes sont établies au nom des

exploitants, dans les communes où les établissements assujettis ont leur siège.

Art. 34. — L'évaluation des revenus imposables est faite annuellement par le contrôleur des contributions directes assisté dans chaque commune d'une commission spéciale.

Cette commission est composée du maire, du percepteur et de quatre personnes désignées par le préfet sur une liste de présentation dressée par le conseil municipal, et comprenant au moins huit personnes, choisies parmi d'anciens assujettis à l'impôt sur les revenus de la 4e catégorie, et à défaut parmi d'autres personnes compétentes, exception faite de celles qui exercent une profession imposable au titre de ladite catégorie.

Art. 35. — Les imposables sont tenus, lorsqu'ils en sont requis par un avis spécial du contrôleur des contributions directes, de fournir par écrit tous les renseignements de nature à faire connaître les conditions matérielles d'exercice de leur profession.

Ces renseignements doivent parvenir au contrôleur dans les quinze jours qui suivent la réception, par l'intéressé, de l'avis spécial visé au paragraphe précédent.

Art. 36. — Le contrôleur accompagné ou non des membres de la commission a le droit de visiter, pendant les heures de travail, les locaux et emplacements servant à l'exercice des professions imposables.

Art. 37. — Au moyen des renseignements recueillis et des constatations effectuées conformément aux dispositions des articles 35 et 36, le contrôleur détermine provisoirement l'évaluation des revenus imposables, et la communique directement aux intéressés, en les avisant qu'un délai de quinze jours leur est accordé pour adresser leurs observations.

La commission prend connaissance des observations produites ; elle admet à comparaître ceux des contribuables qui demandent à être personnellement entendus, elle examine et discute les éléments d'information ou les justifications qu'ils estiment devoir fournir et elle donne son avis au contrôleur.

Celui-ci apporte aux évaluations primitives les rectifications qu'il juge nécessaires, et arrête définitivement les bases d'imposition, sans préjudice, pour les intéressés, du droit de réclamer, par la voie contentieuse, après l'émission du rôle.

Dans le cas de réclamation contentieuse, les réclamants sont tenus de justifier leurs prétentions par la présentation d'actes authentiques, de livres de commerce régulièrement tenus ou de tous autres documents susceptibles de faire preuve.

Art. 38. — La communication prévue au paragraphe 1er de l'article précédent, après avoir été faite pour une année, n'est obligatoirement renouvelée pour les années suivantes qu'au cas où une modificacation du revenu imposable a été reconnue nécessaire.

Art. 39. — Tout assujetti qui s'est abstenu de répondre, dans le délai prescrit, à la demande de renseignement visée à l'article 35, ou qui a fourni sciemment des indications inexactes, ou qui s'est opposé à l'exercice du droit de visite prévu à l'article 36, doit, s'il réclame ultérieurement contre la cotisation qui lui a été assignée, supporter en tout état de cause la totalité des frais de l'instance, y compris ceux d'expertise.

5e CATÉGORIE

Bénéfices de l'exploitation agricole

Art. 40. — Pour l'assiette de l'impôt sur le revenu de la 5e catégorie, le bénéfice provenant de l'exploitation agricole d'une propriété est considéré comme égal au revenu net imposable assigné à cette propriété au titre de la 2e catégorie.

Art. 41. — L'impôt est établi, au nom de l'exploitant, dans la commune où celui-ci a son domicile réel à la date du 1er janvier.

Chaque exploitant n'est taxé que pour la portion de son bénéfice excédant 1.250 fr.

ART. 42. — En ce qui concerne les terres exploitées à portion de fruits, il est ouvert dans le rôle des articles au nom collectif du propriétaire et de l'exploitant.

Tous les deux sont solidairement débiteurs de l'impôt vis-à-vis du Trésor, sauf à le répartir entre eux suivant la proportion résultant de leurs conventions particulières.

6° CATÉGORIE

*Traitements publics et privés, salaires, pensions
et rentes viagères*

ART. 43. — Les traitements, salaires, pensions et rentes viagères sont assujettis à l'impôt sur la portion de leur montant annuel dépassant, savoir :

1° Pour les pensions et rentes viagères, la somme de 1.250 fr.

2° Pour les traitements et salaires, la somme de :

1.250 fr. si le contribuable a son domicile réel dans une commune de 3.000 habitants et au-dessous :

1.500 fr. si le contribuable a son domicile réel dans une commune de 3.001 habitants à 10.000 habitants ;

1.750 fr. si le contribuable a son domicile réel dans une commune de 10.001 habitants à 50.000 habitants ;

2.000 fr. si le contribuable a son domicile réel dans une commune de 50,001 habitants et au-dessus :

2.500 fr. si le contribuable a son domicile réel à Paris.

ART. 44. — Il est tenu compte, pour le calcul du revenu imposable, du montant net réel des traitements et salaires payés soit en argent, soit en nature, y compris les primes, émoluments, gratifications et avantages divers distincts du traitement ou salaire proprement dit, mais sous déduction des indemnités allouées pour dépenses de service.

ART. 45. — L'impôt est dû chaque année à raison

des revenus acquis au cours de l'année précédente. Il est établi, au nom des titulaires, des revenus imposables, dans les communes où ces titulaires ont leur domicile réel au 1er janvier de l'année de l'imposition.

Art. 46. — Sont exempts de l'impôt pour les traitements qu'ils touchent à raison de leurs fonctions, les ambassadeurs et autres agents diplomatiques accrédités auprès de la République, ainsi que les consuls et autres agents consulaires des pays étrangers, sous la réserve que, dans ces pays, les agents diplomatiques et consulaires français soient exonérés, dans les mêmes conditions, des contributions ou taxes analogues.

Art. 47. — Tout individu et toute société ou association occupant des employés, commis, ouvriers, aides ou auxiliaires, moyennant traitements, salaires ou rétributions, sont tenus de remettre, dans le courant du mois de janvier de chaque année, au contrôleur des contributions directes, un état indiquant : 1o les noms et adresses des individus qui ont été occupés dans leur établissement au cours de l'année précédente ; 2o le montant des traitements, salaires ou rétributions payés à chacun d'eux pendant ladite année, et 3o la période à laquelle s'appliquent ces payements, lorsque cette période est inférieure à l'année.

La disposition qui précède n'est applicable toutefois qu'en ce qui concerne les employés, commis, etc., dont les traitements, salaires ou rétributions, calculés conformément aux prescriptions de la présente loi et ramenés à l'année dépassent :

1,000 fr. pour les contribuables ayant leur domicile réel dans les communes de 3,000 habitants et au-dessous ;

1,200 fr. pour les contribuables ayant leur domicile réel dans les communes de 3,001 à 10,000 habitants ;

1,500 fr. pour les contribuables ayant leur domicile réel dans les communes de 10,001 à 50,000 habitants ;

1,800 fr. pour les contribuables ayant leur domicile réel dans les communes de 50,001 habitants et au-dessus ;

2,000 fr. pour les contribuables ayant leur domicile réel à Paris.

ART. 48. — Tout individu et toute société ou association payant des pensions ou rentes viagères sont tenus, dans les conditions prévues à l'article précédent, de fournir la liste des titulaires de ces pensions ou rentes viagères, lorsqu'elles dépassent 1,250 francs par an.

ART. 49. — A l'aide des renseignements qui lui sont transmis en exécution des deux articles précédents et de tous autres qu'il peut recueillir, le contrôleur fixe les revenus imposables, sans préjudice pour les intéressés du droit de les contester, par voie de réclamation contentieuse, après l'émission du rôle.

ART. 50. — Est punie d'une amende de 5 francs toute infraction aux prescriptions des articles 47 et 48 ci-dessus.

L'amende est encourue autant de fois qu'il est relevé d'omissions ou d'inexactitudes dans les renseignements qui doivent être fournis en vertu de ces deux articles.

Le recouvrement des amendes est poursuivi au moyen de rôles spéciaux, comme en matière de contributions directes.

7ᵉ CATÉGORIE

Bénéfices des professions libérales

ART. 51. — L'impôt sur les bénéfices des professions libérales et de toutes occupations lucratives non comprises dans une précédente catégorie est établi annuellement à raison des bénéfices nets réalisés pendant l'année précédente, déduction faite, sur chaque revenu individuel d'une somme de :

1,250 fr. si le contribuable a son domicile réel dans une commune de 3,000 habitants et au-dessous;

1,500 fr. si le contribuable a son domicile réel dans une commune de 3,001 à 10,000 habitants ;

1,750 fr. si le contribuable a son domicile réel dans une commune de 10,001 à 50,000 habitants ;

2,000 fr. si le contribuable a son domicile réel dans une commune de 50,000 habitants et au-dessus ;

2,500 fr. si le contribuable a son domicile réel à Paris.

ART. 52. — L'impôt est dû dans la commune où le titulaire du revenu imposable a son domicile réel à la date du 1er janvier de l'année de l'imposition.

ART. 53. — Toute personne jouissant de revenus imposables au titre de la 7e catégorie est tenue de remettre chaque année, dans le courant du mois de janvier, au contrôleur des contributions directes, une déclaration détaillée de ces revenus, accompagnée de toutes les justifications nécessaires pour en établir l'exactitude.

Cette déclaration sera faite, si le contribuable est imposable à l'impôt complémentaire, sur la formule même prévue pour ce dernier impôt à l'article 62.

ART. 54. — Si, à l'expiration du délai fixé par l'article précédent, la déclaration prescrite par cet article n'a pas été effectuée, le contrôleur détermine d'office le montant du revenu imposable, sans préjudice pour le contribuable du droit de le contester par la voie contentieuse, après l'émission du rôle.

En cas de déclaration inexacte, le revenu non déclaré est frappé de la quintuple taxe.

Indépendamment de cette pénalité, tout contribuable omis au rôle ou qui, soit d'après sa déclaration, soit d'office, a été insuffisamment imposé, est redevable d'une cotisation égale au montant des sommes dont le Trésor a été privé pour chacune des années antérieures à celles de la découverte de l'omission ou de l'insuffisance, sans toutefois que le droit de répétition puisse s'étendre à plus de cinq années.

ART. 55. — Des rôles supplémentaires peuvent être établis à l'égard des personnes qui ont été omises au rôle primitif ou qui sont redevables d'un supplément d'impôt dans le cas prévu au dernier paragraphe de l'article précédent

TITRE II

De l'impôt complémentaire sur l'ensemble des revenus

DES PERSONNES IMPOSABLES

ART. 56. — L'impôt complémentaire sur l'ensemble des revenus est dû, au 1er janvier de chaque année, par toute personne résidant en France.

Il est établi dans la commune où le contribuable a sa principale résidence.

ART. 57. — Chaque chef de famille est imposable tant en raison de ses revenus personnels que de ceux de sa femme et des autres membres de la famille qui habitent avec lui.

Toutefois, l'imposition est établie distinctement.

1° Pour les femmes séparées de biens qui ne vivent pas avec leur mari :

2° Pour les enfants et autres membres de la famille qui tirent de leur propre travail ou possèdent personnellement un revenu indépendant de celui du chef de famille.

ART. 58.— Sont affranchis de l'impôt complémentaire : 1° les personnes dont le revenu imposable n'excède pas 5.000 fr. ; 2° les ambassadeurs et autres agents diplomatiques étrangers ainsi que les consuls et agents consulaires étrangers, mais seulement dans la mesure où les pays qu'ils représentent concèdent des avantages analogues aux agents diplomatiques ou consulaires français.

DU REVENU IMPOSABLE

ART. 69. — L'impôt complémentaire est assis sur l'ensemble des revenus acquis par chaque contribuable pendant le cours de l'année précédant celle de l'imposition.

Le revenu imposable est constitué par la totalisation des revenus taxés dans chaque catégorie de l'impôt général, y compris les revenus exemptés dans certaines d'entre elles comme n'atteignant pas le minimum imposable.

Il comprend en outre, s'il y a lieu, les revenus assujettis à la redevance proportionnelle des mines.

DU TAUX DE L'IMPÔT

ART. 60. — L'impôt complémentaire est établi par classes, conformément au tarif ci-après :

Classes de revenus	Montant de l'impôt	Classes de revenus	Montant de l'impôt
5.000 à 5.500 fr.	10 fr.	18.001 à 20.000 fr.	380 fr.
5.501 à 6.000 fr.	15 fr.	20.001 à 22.000 fr.	440 fr.
6.001 à 6.500 fr.	22 fr.	22.001 à 24.000 fr.	515 fr.
6.501 à 7.000 fr.	30 fr.	24.001 à 27.000 fr.	610 fr.
7.001 à 7.500 fr.	40 fr.	27.001 à 30.000 fr.	725 fr.
7.501 à 8.000 fr.	50 fr.	30.001 à 33.000 fr.	850 fr.
8.001 à 8.500 fr.	60 fr.	33.001 à 36.000 fr.	980 fr.
8.501 à 9.000 fr.	75 fr.	36.001 à 39.000 fr.	1.130 fr.
9.001 à 9.500 fr.	90 fr.	39.001 à 42.000 fr.	1.260 fr.
9.501 à 10.000 fr.	110 fr.	42.001 à 46.000 fr.	1.420 fr.
10.001 à 11.000 fr.	130 fr.	46.001 à 50.000 fr.	1.600 fr.
11.001 à 12.000 fr.	150 fr.	50.001 à 55.000 fr.	1.800 fr.
12.001 à 13.000 fr.	180 fr.	55.001 à 60.000 fr.	2.000 fr.
13.001 à 14.000 fr.	210 fr.	60.001 à 70.000 fr.	2.300 fr.
14.001 à 15.000 fr.	240 fr.	70.001 à 80.000 fr.	2.700 fr.
15.001 à 16.000 fr.	275 fr.	80.001 à 90.000 fr.	3.150 fr.
16.001 à 18.000 fr.	325 fr.	90.001 à 100.000 fr.	3.550 fr.

Au-dessus de 100.000 fr., 4 0/0 sur le revenu total.

DE L'ASSIETTE DE L'IMPÔT

ART. 61. — Le contrôleur des contributions directes dresse pour chaque commune la liste des personnes susceptibles d'être assujetties à l'impôt complémentaire et il invite chacune d'elles, par un avis spécial, à souscrire la déclaration prévue à l'article 62 ou à certifier que son revenu total n'est pas supérieur au minimum exempté.

Art. 62. — En ce qui touche les revenus autres que ceux des capitaux mobiliers, les contribuables se bornent à mentionner dans leurs déclarations les noms des communes où les impositions sont établies.

A l'égard des revenus mobiliers, les contribuables doivent en indiquer le montant en les distinguant suivant leur nature.

La déclaration doit comprendre, le cas échéant, les revenus provenant de l'exploitation minière, ainsi que le montant des revenus exemptés de l'impôt général par catégorie comme étant inférieurs au minimum imposable dans certaines catégories.

Les déclarations sont établies sur des formules dont la teneur sera fixée par un règlement d'administration publique. Ces mêmes formules pourront servir également à la déclaration prévue par l'article 53 relativement aux revenus de la 7e catégorie, et par l'article 29 relativement aux revenus mobiliers encaissés à l'étranger.

Art. 63. — Les contribuables peuvent obtenir la déduction, sur l'ensemble de leur revenu, du montant de l'intérêt des emprunts à leur charge, à la condition de fournir, dans leur déclaration, toutes les justifications nécessaires pour qu'il ne puisse subsister aucun doute sur la réalité des dettes alléguées.

Art. 64. — Les déclarations sont adressées au contrôleur des contributions directes dans un délai d'un mois à partir de la réception, par les intéressés, de l'avis spécial prévu par l'article 61 ci-dessus.

Elles doivent être signées, et les signataires doivent affirmer sur l'honneur qu'elles sont faites conformément aux prescriptions de la loi et en toute sincérité.

Art. 65. — Les déclarations sont soumises à l'examen d'une commission cantonale composée du juge de paix, d'un contrôleur des contributions directes, d'un receveur de l'enregistrement et d'un percepteur. Les membres de la commission sont désignés par le préfet, d'accord avec les chefs de service intéressés.

Cette commission contrôle les déclarations. Elle peut inviter les contribuables, en les convoquant au moins quatre jours à l'avance, à se présenter devant elle pour fournir des éclaircissements, elle a le droit de leur déférer le serment ; mais elle ne peut rectifier les déclarations qu'après avoir établi la preuve de leur inexactitude par les moyens dont elle dispose en vertu des lois existantes.

ART. 66. — Le contrôleur des contributions directes établit la matrice du rôle d'après les déclarations rectifiées, s'il y a lieu, par la commission.

ART. 67. — Tout contribuable qui s'est abstenu de répondre, dans le délai réglementaire, à l'invitation de faire sa déclaration, ou qui, dûment convoqué, ne s'est pas présenté devant la commission cantonale ou n'a pas invoqué une excuse valable, est taxé d'office par la dite commission.

Il ne peut ensuite obtenir, par la voie contentieuse, la décharge ou la réduction de la cotisation qui lui a été ainsi assignée qu'en apportant toutes les justifications de nature à faire la preuve du chiffre exact de son revenu, et il supporte, en tout état de cause, la totalité des frais de l'instance, y compris ceux d'expertise.

ART. 68. — En cas de déclaration reconnue inexacte, le contrevenant ou ses héritiers sont frappés d'une amende égale à la moitié du revenu dissimulé.

ART. 69. — Indépendamment des pénalités édictées par les deux articles précédents, tout contribuable omis au rôle ou qui, soit sur sa déclaration, soit d'office, a été insuffisamment imposé, est redevable d'une cotisation égale au triple des sommes dont le Trésor a été privé pour chacune des années antérieures à celle de la découverte de l'omission ou de l'insuffisance, sans toutefois que le droit de répétition puisse s'étendre à plus de dix années.

DES RÔLES ET DES RÉCLAMATIONS

Art. 70. · – Les rôles de l'impôt complémentaire sur le revenu sont établis, publiés et recouvrés comme en matière de contributions directes.

Peuvent être imposés par voie de rôles supplémentaire, les personnes omises au rôle primitif et celles qui sont redevables d'un supplément de droits dans les cas prévus aux articles 68 et 69 ci-dessus.

Art. 71. — Les réclamations relatives à l'impôt complémentaire sur le revenu sont également présentées, instruites et jugées comme en matière de contritutions directes.

TITRE III

Dispositions diverses

Art. 72. — Le droit de timbre proportionnel établi par le titre II de la loi du 5 juin 1850 sur les actions et obligations nominatives ou au porteur des sociétés, compagnies, entreprises, départements, communes, établissements publics français, est supprimé.

Est supprimé également le droit annuel de transmission auquel sont assujettis les titres au porteur d'actions et d'obligations françaises par les articles 6 de la loi du 23 juin 1857, 11 de la loi du 16 septembre 1871 et 3 de la loi du 29 juin 1872. Il n'est pas dérogé à ces lois en ce qui concerne les titres nominatifs.

Art. 73. — En remplacement du droit de timbre supprimé par le premier alinéa de l'article précédent, il est établi un droit de 2 francs par 100 francs sur les revenus, dividendes, intérêts, arrérages, bénéfices annuels et tous autres produits des actions, parts de fondateur, obligations, parts d'intérêts, commandites et emprunts de toute nature des sociétés, compagnies, entreprises françaises des départements, communes et établissements publics français désignés dans l'article 1er de la loi du 29 juin 1872.

Ce droit sera perçu également sur les intérêts et arrérages des titres de rente, emprunts et autres effets publics des colonies françaises.

Il sera à la charge exclusive des sociétés, compagnies, entreprises, départements, communes, établissements publics et colonies.

L'assiette en sera déterminée et la perception opérée comme pour l'impôt sur le revenu des valeurs mobilières établi par la loi du 29 juin 1872.

ART. 74. — En remplacement du droit annuel de transmission sur les titres au porteur, il sera perçu un droit de 5 fr. sur les revenus et tous autres produits des valeurs mobilières françaises ou coloniales au porteur ou dont la transmission peut s'opérer sans un transfert sur les registres de la société ou de la collectivité qui les a émis.

Ce droit sera avancé par ces sociétés et collectivités, liquidé et perçu dans les mêmes conditions et sur les mêmes bases que l'impôt sur le revenu des valeurs mobilières édicté par la loi du 29 juin 1872.

Les titres nominatifs des rentes, emprunts et autres effets publics des colonies françaises seront assujettis au droit de transmission de 0 50 0/0 de la valeur négociée, conformément aux dispositions des articles 6 de la loi du 23 juin 1857, 11 de la loi du 16 septembre 1871, 1er de la loi du 30 mars 1872 et 3 de la loi du 29 juin 1872.

ART. 75. — Le droit de timbre par abonnement et le droit annuel de transmission auxquels sont assujettis les actions, obligations, titres d'emprunts quelle qu'en soit d'ailleurs la dénomination, des sociétés, compagnies, entreprises, corporations, villes et provinces étrangères, ainsi que tout autre établissement public étranger, sont supprimés et remplacés:

1o Par un droit de timbre au comptant de 2 francs par 100 francs;

2o Par une taxe annuelle supplémentaire de 1 0/0 sur le revenu des titres susvisés, qui s'ajoutera à la taxe de 4 0/0 prévue par l'article 19, et sera perçue sur les mêmes bases et dans les mêmes conditions.

Ces divers droits sont applicables aux titres de rente, emprunts et autres effets publics des gouvernements étrangers.

ART. 76. — Le droit de timbre au comptant n'est pas soumis aux décimes ; il est perçu sur la valeur nominale de chaque titre ou coupure considéré isolé ment, mais sans minimum. Toutefois la valeur réelle ou négociable sera prise pour base de la perception lorsqu'elle sera supérieure à la valeur nominale et dans ce cas l'impôt sera calculé d'après le cours d'introduction ou d'émission des titres sur le marché français, ou d'après le dernier cours moyen coté à la Bourse ou en banque avant le jour où le droit est devenu exigible, ou enfin lorsqu'il s'agira de valeurs non cotées soit en Bourse, soit en banque, d'après la déclaration des parties, sous réserve du contrôle de l'administration.

ART. 77. — Aucune émission, mise en souscription ou exposition en vente des titres désignés dans les deux articles précédents ne peut être annoncée, publiée ou effectuée en France, sans qu'il ait été fait dix jours à l'avance, au bureau de l'enregistrement de la résidence, une déclaration dont la date est mentionnée dans l'avis ou annonce.

Les titres ou les certificats provisoires de titres émis ou souscrits en France ne pourront être remis aux souscripteurs ou preneurs sans avoir préalablement acquitté les droits de timbre fixés par les deux articles qui précèdent. Si le droit a été payé sur le certificat provisoire, le titre définitif correspondant sera timbré sans frais sur la présentation de ce certificat.

ART. 78. — La négociation, l'introduction sur le marché, la cote, l'énonciation dans un acte ou écrit quelconque, soit public, soit sous seing privé, y compris les récépissés de dépôt en vue de la garde des titres et à la seule exception des inventaires, le remboursement, le transfert des titres désignés dans l'article 75

2

ci-dessus, ne peuvent être annoncés, publiés ou effectués en France, lorsque ces titres n'ont pas acquitté
le droit de timbre spécifié dans l'article 75.

ART. 79. — Le droit de timbre au comptant établi
par l'article 75 sera réduit pour les titres désignés
dans le premier alinéa, qui, à la date du 1er janvier
1907, acquitteront le droit de timbre par abonnement,
savoir :

A 1 0/0 lorsque le point de départ de l'exigibilité du
droit de timbre par abonnement remontera à plus de
dix ans, et à 1 50 0/0 dans le cas contraire.

Ces titres ne pourront bénéficier de la réduction de
tarif qu'à la condition d'être soumis à la formalité du
timbre dans les six mois qui suivront la promulgation
de la présente loi.

En ce qui concerne les sociétés, compagnies, entreprises, corporations, villes et provinces étrangères,
actuellement abonnées, qui auraient pris ou pren-
draient à leur charge le droit de timbre afférent à ceux
de leurs titres qui circulent en France, un décret
rendu en forme de règlement d'administration publique déterminera les conditions de présentation de ces
titres et fixera les délais dans lesquels le versement
du montant des droits devra être effectué par les
sociétés, compagnies et collectivités.

ART. 80. — Toute contravention aux articles 77 et
78 sera punie d'une amende de 5 0/0, en principal, de
la valeur imposable des titres émis, exposés en vente,
mis en souscription, négociés, introduits en France,
cotés ou énoncés dans les actes, sans que cette
amende puisse être inférieure à 100 fr. en principal.

L'amende est due personnellement et sans recours
par ceux qui ont émis, exposé en vente, mis en souscription, négocié, introduit, coté ou énoncé dans les
actes, des titres non timbrés, ou qui ont servi d'intermédiaire pour ces opérations. La même amende sera
exigée de ceux qui auront annoncé ou publié l'émission, la mise en souscription, l'exposition, en vente
ou l'introduction sans déclaration préalable. Le sous-
cripteur, preneur ou acheteur de titres non timbrés

est tenu solidairement de l'amende, sauf son recours contre celui qui a ouvert la souscription, exposé en vente, émis ou introduit les titres. Tous les contrevenants seront solidaires pour le recouvrement des droits et amendes. Il n'est pas dérogé aux dispositions des deux derniers alinéas de l'article 5 de la loi du 28 décembre 1895 relatifs à l'énonciation dans les actes ou écrits de titres étrangers.

Art. 81. — Les sociétés de crédit françaises qui possèdent des établissements à l'étranger et les sociétés étrangères établies en France devront tenir, au siège principal de la société en France, des répertoires où seront mentionnés dans le premier mois de chaque semestre, pour le semestre échu, soit les dépôts de titres ou dépôts de sommes à vue effectués au nom des personnes domiciliées en France, soit les comptes courants de chèques ou comptes-courants de toute nature ouverts au nom de personnes domiciliées en France, dans leurs établissements à l'étranger. Ces répertoires devront indiquer le nom et le domicile des titulaires des dépôts ou comptes et la nature des dépôts ou comptes.

Les préposés de l'enregistrement sont autorisés à prendre connaissance de ces répertoires, et sur leur réquisition les sociétés seront tenues de leur fournir, dans un délai d'un mois, une copie certifiée conforme desdits comptes de dépôts ou comptes courants.

Tout refus de communication des répertoires et des copies de comptes sera constaté par procès-verbal et puni d'une amende de 100 fr. par jour de retard à dater du procès-verbal. Toute omission d'inscription aux répertoires dûment établie sera punie d'une amende de 500 à 10.000 fr.

Art. 82. — Tous banquiers et sociétés de crédits français ainsi que tous banquiers et sociétés de crédits étrangers établis en France devront tenir, dans chacun de leurs établissements, un répertoire sur lequel ils enregistreront, jour par jour, tous envois soit de fonds, soit de titres ou coupons de valeurs mobilières adressés à l'étranger par des personnes résidant en France pour y être déposés ou encaissés chez un banquier ou dans un établissement de crédit. Le répertoire indiquera le nom et le domicile du propriétaire des fonds ou valeurs, le montant des fonds, la désignation du banquier et de l'établissement dépositaire.

Les préposés de l'enregistrement sont autorisés à prendre connaissance de ce répertoire.

Tout refus de communication du répertoire sera constaté par procès-verbal et puni d'une amende de 100 fr. par jour de retard à dater du procès-verbal. Toute omission d'inscription au répertoire ou toute inexactitude dûment établie sera punie d'une amende de 500 à 10.000 fr.

ART. 83. — Les dispositions des articles 22 de la loi du 23 août 1871, 7 de la loi du 21 juin 1875 et 5 de la loi du 17 avril 1906 sont étendues à toutes les personnes désignées dans le second alinéa de l'article 25 et rendues applicables à l'exécution de toutes les lois sur l'enregistrement et le timbre ainsi qu'à la présente loi.

Les communications visées ou prescrites par l'alinéa précédent devront être faites, sous les mêmes sanctions, aux fonctionnaires du service de l'inspection générale des finances.

ART. 84. — La transmission des formules de déclaration, des avertissements, et d'une manière générale de tous avis ou communications concernant l'impôt sur les revenus des 4e, 6e et 7e catégories, ainsi que l'impôt complémentaire sur le revenu, est effectué en franchise par la voie de la poste et sous enveloppe fermée.

Est tenue en outre au secret professionnel, dans les termes de l'article 378 du Code pénal, et passible des peines prévues audit article, toute personne appelée à l'occasion de ses fonctions ou attributions à concourir à l'établissement ou à la perception de l'impôt.

ART. 85. — Dans tous les cas où des droits ou obligations dépendent actuellement du fait de l'imposition à la taxe personnelle, ces droits et obligations seront déterminés à l'avenir par le fait du domicile réel.

Art. 86. — Pour l'assiette de la taxe des biens de mainmorte, les impôts établis sur les revenus des 1re et 2e catégories sont substitués au principal de la contribution foncière.

Art. 87. — Les dispositions édictées pour l'assiette de l'impôt général sur les revenus des diverses catégories ne sont pas applicables aux exploitations minières, qui restent passibles des redevances fixe et proportionnelle conformément à la législation en vigueur.

Art. 88. — Des règlements d'administration publique détermineront les mesures d'exécution nécessaires pour l'application des dispositions de la présente loi.

Art. 89. — La présente loi entrera en vigueur immédiatement après l'expiration de la première année suivant celle de sa promulgation.

Art. 90. — Il sera statué ultérieurement par une loi spéciale à l'égard des impositions départementales et communales.

Fait à Paris, le 7 février 1907
A. FALLIÈRES.

Par le Président de la République
Le Ministre des Finances,
J. CAILLAUX.

EXPOSÉ DES MOTIFS

Messieurs,

Au seuil de toute réforme des contributions directes se pose la question de savoir quel doit être dans l'ensemble d'une organisation fiscale le rôle propre et le caractère particulier de l'impôt direct. On ne saurait résoudre le problème par des raisons de doctrine ; la solution en est au contraire imposée par des considérations de fait.

Dans le domaine de l'idée pure, en doctrine, la conception de l'impôt, c'est-à-dire de la contribution exigée de chaque citoyen pour sa part dans les dépenses publiques, procède de l'une ou l'autre des deux notions suivantes.

Les uns avancent que l'impôt est une sorte de prime d'assurance payée par le contribuable à l'Etat pour les frais des services publics ; de même que les primes d'assurances sont calculées en proportion des sommes dont le remboursement est garanti, de même l'impôt doit être réglé, disent-ils, en proportion des revenus ou des capitaux dont l'Etat assure la paisible jouissance. La logique les conduit ainsi à affirmer la nécessité d'une rigoureuse proportionnalité des contributions.

Les autres, au contraire, remarquent qu'il est puéril de chercher à mesurer d'après l'importance des revenus ou des capitaux le bénéfice que chacun retire des services publics, que l'argument des défenseurs de la proportionnalité se résout au fond en une simple hypothèse. La vérité, indiquent-ils, c'est qu'il convient de se placer sur un tout autre terrain : on doit considérer qu'une nation est une association d'individus où chacun est tenu de faire un effort égal pour le bien commun ; il faut donc calculer l'égalité d'efforts et fonder sur cette égalité un système d'impôts. Ce système aura la progression pour base, car celui-ci fait un effort plus grand quand il abandonne le dixième de son revenu, s'il est pauvre, que celui-là, quand il abandonne le cinquième de son revenu, s'il est riche.

Telles sont les deux doctrines en présence. Il nous paraît que la seconde répond bien mieux à l'idée que nous nous faisons du rôle de l'Etat, qu'elle a d'ailleurs une valeur et une portée philosophiques tout autres que la théorie un peu mesquine de la proportionnalité qui se rattache à des formules économiques surannées. Mais il n'importe ! Si l'on sort du champ clos des idées pour pénétrer dans le monde des réalités, on aperçoit que l'existence dans tous les pays modernes des impôts sur les consommations et sur la circulation des biens change complètement l'aspect de la question.

Ignorant les situations individuelles, frappant à l'aveugle, atteignant d'ailleurs le plus souvent des objets d'une utilité générale, les contributions indirectes grèvent plus lourdement les classes peu aisées que les classes fortunées. Elles composent — on l'a souvent dit — des impôts progressifs à rebours dont, chargés de l'écrasant fardeau des dépenses publiques, les gouvernements ne peuvent cependant songer à exonérer les citoyens. Voici donc que tout est bouleversé et qu'avant de penser à mettre en œuvre la doctrine de la progression, si on y adhère, il faut se préoccuper de revenir à la proportionnalité. C'est pour obéir à cette nécessité, pour rétablir l'équilibre rompu, que la plupart des peuples de l'Europe ont, pendant ces trente dernières années, transformé ou remanié leurs systèmes d'impôts directs, qu'ils se sont appliqués à introduire dans certaines taxes le principe compensateur de la progressivité, qu'ils ont surtout veillé à ce qu'aucune de ces taxes ne présentât elle-même les défauts inhérents aux contributions indirectes, à savoir de frapper les consommations et de porter sur les revenus bruts.

La France, seule parmi les grandes nations, n'a pas participé à cette évolution ; elle est restée en dehors du mouvement de réforme qui a remué la plupart des peuples de l'Europe ; et son système de contributions directes, issu en partie de théories oubliées ou de traditions abandonnées, apparaît aujourd'hui comme un organisme vieilli et disparate, ne répondant à aucune conception nette, ne s'accordant plus avec les nécessités modernes.

D'une part, il comprend des impôts personnels à assiette

réelle, démembrements d'une contribution qui, à l'origine, pouvait passer pour un impôt personnel sur le revenu, mais qui, en se transformant, a perdu tout caractère ; ce sont l'impôt des portes et fenêtres, qui équivaut aujourd'hui à un impôt sur la consommation de l'air et de la lumière, et la contribution personnelle-mobilière, faussée par le mécanisme de la répartition, et qui, sous l'action du temps, des habitudes et des traditions locales, s'est changée ici en un impôt sur les loyers, c'est-à-dire en un impôt sur une dépense de tout point analogue, comme le remarquait Léon Say, aux taxes indirectes sur le vin, le sucre ou le café, là en une taxe sur le revenu établie au hasard, en dehors de toute règle précise, sans bases d'appréciation suffisantes.

D'autre part, il comprend des taxes réelles fragmentaires, créées les unes après les autres, sans aucun plan d'ensemble, frappant les revenus qu'elles atteignent dans des conditions d'extrême inégalité, et ne portant, d'ailleurs, que sur certaines catégories de revenus.

Imbue des idées des physiocrates, pour lesquels toute richesse venait du sol, l'Assemblée constituante n'avait établi d'impôt direct réel que sur les biens-fonds. et depuis lors, malgré l'évolution des idées et la succession des événements, l'impôt foncier a continué à peser sur la terre d'autant plus lourdement et inégalement qu'il est resté immuable, indissolublement lié aux évaluations cadastrales du commencement du siècle dernier, tandis que, dans toute la France, les cultures se transformaient, que les revenus du sol se répartissaient différemment entre les régions, et dans l'ensemble décroissaient peu à peu malgré les efforts des populations et les remèdes empiriques du législateur.

On a étendu, il est vrai, l'impôt réel à d'autres sources de richesses : d'abord aux produits du commerce et de l'industrie, plus tard aux revenus des valeurs mobilières.

Mais la contribution des patentes, instrument toujours arbitraire, malgré son ingéniosité et ses perfectionnements successifs, donne lieu dans son application aux inégalités les plus choquantes. Assise, en partie, sur des signes extérieurs qui peuvent être des indices insuffisants ou trompeurs, elle est légère pour les uns, écrasante pour les autres, et son cadre trop rigide refuse de s'adapter exactement à l'infinie variété des opérations industrielles ou commerciales.

Quant à la législation sur le revenu des valeurs mobilières, elle a constitué, sans doute, la première tentative sérieuse dans la voie de l'amélioration de notre système fiscal ; et cependant, par les exonérations accordées à certains revenus mobiliers, elle a contribué dans une certaine mesure à multiplier les inégalités de notre régime. Elle créait certains privilèges dont nous aurons l'occasion de parler; en même temps, elle n'atteignait les revenus de certaines valeurs émises par les sociétés ou les collectivités étrangères que dans une proportion arbitraire, et grâce à un ensemble de mesures restrictives dont l'essor de notre marché a eu grandement à souffrir (1).

Tel est, dans ses grandes lignes, notre système actuel de contributions directes, né des circonstances, en dehors de toute vue d'ensemble, constitué de pièces et de morceaux, très touffu, défiguré et usé dans plusieurs de ses parties essentielles, incomplètement rajeuni sur certains points, appelant, de l'aveu universel, une refonte générale.

On ne saurait l'entreprendre utilement, si l'on n'a pris soin au préalable de rechercher selon quel mode les peuples qui nous entourent et qui nous ont devancés ont opéré la réforme de leurs anciens systèmes de taxes jadis analogues au nôtre, dans quelle mesure nous pouvons profiter de leur expérience.

Le système d'impôts directs qui a finalement prévalu en Europe est l'impôt sur le revenu, dont les modalités, nécessairement très diverses suivant les pays, tendent toutes à se rattacher à deux types particulièrement caractéristiques, qui ont atteint leur plus haut degré de perfectionnement et, en quelque sorte, réalisé leur formule l'un en Angleterre, l'autre en Allemagne.

Le premier est l'impôt réel sur les revenus, représenté par l'*income tax*.

Le second est l'impôt personnel et global, représenté par l'*Einkommensteuer*.

On remarquera que, sous l'une ou l'autre de ces deux

(1) « Le vice le plus grave du régime de l'abonnement, c'est l'incertitude qui s'y rattache, c'est l'insécurité à laquelle il expose les sociétés étrangères. Une ville veut émettre un emprunt en France, une compagnie de chemins de fer veut placer sur le marché de Paris une série d'obligations ; il faut que la ville ou compagnie s'engage à supporter un fardeau dont il lui est impossible de mesurer l'étendue... Comment s'étonner qu'une aussi singulière fiscalité ait détourné du marché de Paris les bonnes valeurs ? Le contraire serait extraordinaire... Ainsi les bonnes valeurs étrangères font grève ; ainsi ayant un grand marché de capitaux, nous n'avons pas la contre-partie nécessaire : un grand marché de titres. Ce défaut d'équilibre a trois conséquences principales : l'improductivité d'une partie de nos capitaux, l'engouement pour les fonds d'Etat, la faveur dont le public commence à entourer les places étrangères. Le système adopté par le législateur de 1898 en ce qui concerne les valeurs étrangères doit être écarté, parce qu'il transforme une taxe sur le revenu de certains citoyens français en une sorte de patente sur des collectivités étrangères. » Les impôts sur les valeurs étrangères, *Revue politique et parlementaire*, novembre 1906.

formes, l'impôt sur le revenu est toujours assis sur une réalité, et que c'est là précisément ce qui peut le distinguer de la plupart de nos contributions directes actuelles.

La base de la perception, dans l'*income tax* aussi bien que dans l'*Einkommensteuer*, ce sont les ressources annuelles que le contribuable tire de son patrimoine ou de son travail, et l'impôt est, dans l'un comme dans l'autre cas, basé sur une *vérité* et non sur une *présomption* ou un ensemble de présomptions, comme c'est le cas pour notre contribution personnelle-mobilière ou pour celle des patentes.

Les deux types que nous rencontrons en Angleterre et en Allemagne, l'impôt réel sur les revenus et l'impôt personnel, sont donc deux espèces d'un genre unique : *l'impôt direct sur le revenu vrai.*

Ce qui les distingue l'un de l'autre, c'est que l'impôt personnel est assis sur le revenu global du contribuable, considéré comme un tout, une unité, tandis que l'impôt réel sur les revenus est au contraire assis sur les différentes sources de revenus : la terre, les maisons, les valeurs mobilières, les professions. C'est le revenu des choses que le fisc atteint et veut atteindre ; ce n'est pas la personne.

Examinons d'abord ce dernier système, qui est celui de l'*income tax*. Il ne frappe pas, disons-nous, les personnes, mais les revenus ; cependant, comme il prétend atteindre tous les revenus, sans exception d'aucune sorte, et qu'il ne porte que sur des revenus nets, il aboutit finalement à taxer les personnes proportionnellement à l'ensemble de leurs facultés.

L'impôt se divise suivant plusieurs cédules en autant de taxes diverses qu'il existe de catégories de revenus, assises selon des procédés variés, et combinées de façon à garantir les droits de l'Etat tout en gênant le moins possible l'individu. En principe l'impôt est prélevé à la source même du revenu, et l'administration, de façon presque invisible, pour ainsi dire à l'insu du contribuable, revendique sa part au moment même où le revenu apparaît, et avant qu'il soit tombé dans la caisse du bénéficiaire.

Ainsi compris, l'impôt sur le revenu est un merveilleux instrument, à la fois puissant et souple ; ses avantages sont éclatants. Il donne à la collectivité, pour l'entretien et le fonctionnement des services publics, des recettes abondantes, puisant simultanément à l'ensemble des sources de la richesse, et drainant jusque dans les caisses publiques, par des canaux multiples, les apports incessamment renouvelés du capital et du travail. Et cependant il évite autant que possible les contacts, c'est-à-dire les conflits entre le fisc et les citoyens.

Pas d'arbitraire, pas de vexation, pas d'inquisition indiscrète au domicile ou dans les comptes des particuliers.

Une seule objection. Taxant en principe tous les revenus uniformément, du haut en bas de l'échelle, il a ou plutôt il aurait, si le législateur avait été jusqu'au bout de cette idée, le grave inconvénient de ne pas redresser les inégalités fiscales nées de la coexistence des impôts indirects. Nos voisins l'ont compris, et ils y ont remédié dans une large mesure en mettant en œuvre le système de la dégression avec exemption à la base, en pratiquant ce qu'ils appellent des « abatements ». Actuellement les contribuables qui possèdent dans l'ensemble moins de 160 livres (4,000 fr.) de revenu sont admis à en faire la déclaration, et peuvent obtenir la restitution des impôts payés ; des remises partielles sont accordées à ceux qui, possédant plus de 160 livres, ont moins de 700 livres (17,500 fr.) de revenu. Ainsi, par un renversement singulier de ce qui se passe généralement dans les autres pays, la déclaration des fortunes est exigée de ceux qui réclament des dégrèvements, et n'est exigée que de ceux-là. Quelque ingénieux que soit le procédé, il n'en laisse pas moins subsister un défaut : les fortunes moyennes comportant 25,000 fr. de revenus, par exemple, sont taxées au même taux que les grosses fortunes impliquant 100,000 ou 200,000 fr. de rentes. C'est le vice du système.

Inverses sont les avantages comme les inconvénients du régime allemand, de l'*Einkommensteuer*. On ne rencontre plus ici cet ensemble de taxes variées qui s'adressent concurremment à chacune des sources de revenus. Un seul impôt, uniforme, rigide, frappe directement les personnes, à raison de l'ensemble des revenus qu'elles concentrent entre leurs mains. Le fisc ignore et veut ignorer la nature propre et l'origine des ressources ; il ne connaît que leur groupement au profit de tel ou tel individu, et c'est ce groupement qu'il frappe d'un impôt global, à tarif nettement progressif. Ceux qui possèdent plus de 900 marks et moins de 3,000 sont répartis d'office par l'Administration entre un certain nombre de classes correspondant chacune à un revenu déterminé ; ceux qui possèdent plus de 3,000 marks sont frappés d'après une déclaration obligatoire et rigoureusement vérifiée. Les déclarations passent sous le contrôle successif de plusieurs commissions de fonctionnaires à qui sont accordés les pouvoirs d'investigation les plus étendus — nous allions dire les plus exorbitants.

Un tel régime peut être en apparence équitable, puisqu'il permet de proportionner exactement l'impôt direct à la situation de fortune de chacun ; il peut convenir à un pays fortement centralisé et hiérarchisé, à un peuple déférent et docile. Mais il laisse place à beaucoup d'arbitraire et d'inégalités : beaucoup d'arbitraire, car l'Administration n'hésite pas à taxer d'office, à trancher dans le vif dès qu'elle présume la fraude ; beaucoup d'inégalités, car malgré tout il laisse fuir un nombre considérable de revenus, et particulièrement de gros revenus, dont les illicites exemptions retombent de tout leur poids sur la masse des contribuables. Il est enfin peu productif (1) parce que peu scientifique.

L'art de la fiscalité consiste, en effet, à saisir les diverses matières imposables suivant les formes qui sont le mieux appropriées. User d'une méthode identique pour toucher les revenus du capital, ceux du travail, les revenus mixtes, c'est recourir à des procédés sommaires qui facilitent nécessairement les évasions.

Tels sont les deux systèmes dont l'exemple s'offre à nous. Que pouvons-nous en retenir ?

Deux idées générales qui apparaissent dans l'un comme dans l'autre régime : la taxation des revenus véritables, c'est-à-dire l'exclusion de toutes présomptions, de tous indices, de tous signes extérieurs — la suppression de tous privilèges !

Mais ces idées générales, comment les mettre en œuvre ? suivant la formule anglaise ou selon la formule allemande ?

Voyons si l'une ou l'autre peut être transportée d'Angleterre ou de Prusse en France.

On a souvent fait remarquer, et nous avons nous-mêmes écrit, qu'une fiscalité est toujours adaptée par chaque peuple à son génie dont elle porte l'empreinte, qu'elle est d'ailleurs liée à l'histoire du pays, à son développement politique et moral. Les traditions et le caractère anglais se réflètent dans l'*income tax* ; l'*Einkommensteuer* exprime fortement les traditions et le caractère des populations de la Prusse. Il nous paraît que nos concitoyens sont trop épris d'indépendance pour se plier aux rigueurs du système germanique ; ils ne sauraient pas davantage s'accommoder complètement et dans toutes ses parties de l'impôt anglais.

Mais admettons que ces arguments que certains qualifient de raisons de sentiment ne comptent pas. Laissons de côté les facteurs idéologiques pour n'envisager que l'économie de notre pays et les besoins de nos budgets. L'examen des faits nous dictera les mêmes conclusions.

De quoi s'agit-il ? S'agit-il d'opérer une réforme partielle

(1) L'*Einkommensteuer* a produit en 1905 : 216,795,002 marks, et en 1906 : 201,768,897 marks.

comme celles qui furent tentées jusqu'ici par nos prédécesseurs, ou par nous-même lorsque nous fûmes appelé pour la première fois à prendre la direction des services du Ministère des finances ? De longues réflexions, des études prolongées pendant plusieurs années ont profondément imprimé dans notre esprit cette idée qu'on ne pouvait entreprendre une réforme sérieuse si l'on ne modifiait pas complètement un système d'impôts qui a fait son temps. Ne nous est-il pas arrivé de le comparer à un immeuble dont la construction remonte à de longues années, qui n'a pas été tenu en état, et dont on ne saurait réédifier quelques parties sans courir le risque de voir tout crouler ?

Pour parler un langage moins figuré, nos contributions se sont, le temps aidant, enchevêtrées et emmêlées à tel point que, dès que l'on veut en supprimer une ou deux pour leur substituer des impôts conçus sur un autre modèle, on détermine des répercussions inattendues. Prétendra-t-on, par exemple, éliminer les seules contributions personnelle-mobilière et des portes et fenêtres ? On aura vite fait d'apercevoir que la contribution des portes et fenêtres s'est, en fait, morcelée en trois taxes additionnelles, l'une à la contribution foncière des propriétés bâties, l'autre à la patente, la troisième à la personnelle-mobilière. En faisant disparaître l'impôt des portes et fenêtres, on trouble donc la situation fiscale des propriétaires de maisons, et des industriels ou des commerçants. On dégrève ceux-ci, on surcharge ceux-là au hasard, sans s'en douter pour ainsi dire. Faut-il enfin rappeler qu'à diverses reprises la Chambre des députés a clairement montré, par des manifestations non équivoques, qu'elle entendait supprimer l'impôt foncier sur les propriétés non bâties dans sa forme actuelle ? Un vœu en faveur de la disparition de l'impôt foncier ne peut avoir qu'un sens et qu'une conséquence : il commande une nouvelle fiscalité.

Combien rapportent les impôts actuels ? Tout près de 700 millions, exactement 690 millions (1). Le problème à

---

(1) *Ensemble des taxes supprimées ou modifiées.*

	Millions	
Contribution foncière bâtie	91	
Contribution foncière non bâtie	105	
Co‍ution personnelle-mobilière	101	501
C‍ution des portes et fenêtres	66	
Contribution des patentes	138	
Taxe sur le revenu des valeurs mobilières françaises	71	80
Taxe sur le revenu des valeurs mobilières étrangères	9	
Droits de transmission, de timbre sur les valeurs françaises et étrangères	109	109
Taxe sur les lots		
TOTAL GÉNÉRAL.	690	

3

résoudre consiste donc à se procurer cette somme à l'aide
d'une ou de plusieurs taxes sur les revenus ou sur le revenu.
Et tout de suite se pose une série d'autres questions : quelle
somme le revenu total de la France compose-t-il ? Comment
cette somme se divise-t-elle ? Comment, pour mieux dire, se
répartit-elle entre les citoyens ?

L'absence de statistiques récentes ne nous permet pas de
répondre de façon tout à fait précise. Nous pouvons cependant présumer — à l'aide de documents que possèdent nos
services, et que l'on trouvera résumés parmi les annexes du
projet de loi — que les revenus de nos concitoyens représentent une somme totale de 22 milliards 500 millions. En
les frappant uniformément d'un impôt dont le taux serait de
3 1/2 p. 0/0 et en comptant une évasion de 2 milliards 500 millions, on obtiendrait presque exactement la somme indispensable. Mais qui n'aperçoit qu'une telle réforme serait
irréalisable et qu'elle manquerait d'ailleurs sont but ? Se
trouvera-t-il quelqu'un pour prétendre que le fisc doit frapper
sans merci tous les citoyens, taxer tous les salaires, quelque
modestes qu'ils soient ?

Nos voisins d'outre-Manche se sont, comme nous l'avons
exposé, bien gardés d'entrer dans cette voie, et s'ils frappent
uniformément les revenus, ils n'atteignent que ceux qui dépassent le chiffre de 4.000 francs. Pouvons-nous agir de même ? Il
suffit de lire les statistiques pour répondre. Tandis qu'en
Angleterre les revenus de plus de 4.000 francs représentent
plus de 15 milliards au minimum, en France, sur 22 milliards
500 millions de revenus, 7 milliards 400 millions seulement
appartiennent aux citoyens qui jouissent de plus de 4.000 fr.
de revenu. Il faudrait donc fixer à 10 °|o, le taux uniforme
de l'impôt pour recouvrer la somme nécessaire. Qui prétendra
que cela soit possible ? Et qui ne voit que, pour ménager
les petites fortunes, pour opérer les « abatements » auxquels
on procède en Angleterre, il conviendrait de porter à 15, 20,
25 °/o l'impôt atteignant les revenus élevés ? Ces chiffres se
passent de commentaires.

En Prusse, il est vrai, on n'exempte pas tous les revenus
inférieurs à 4.000 francs. On les taxe à partir de 900 marks
(1.125 fr.) quelle qu'en soit l'origine. On recouvre ainsi
250 millions de francs environ. En France, avec un tarif
semblable, on obtiendrait à peu près la même somme représentant 40 °/o de celle qui est nécessaire. Il faudrait donc
plus que doubler les tarifs allemands qui partent de 0.66 °/o,
s'élèvent très vite à 2 °/o, atteignent ensuite 3 °/o, et enfin
4 °/o, pour obtenir le résultat cherché. Croit-on qu'on pourrait,
sans exposer gravement le Trésor, avoir des impôts de 8 °/o

sur la déclaration du contribuable ? A notre avis, rien ne serait plus périlleux pour les finances publiques.

Une autre raison, plus forte encore, doit faire complètement écarter le système de l'*Einkommensteuer*, c'est l'absence de discrimination. En Prusse, un ouvrier qui gagne 1.200 francs, 1.500 francs, 2.000 francs est atteint par l'impôt exactement dans la même mesure que le capitaliste qui jouit de 1.200 francs, de 1.500 francs, de 2.000 francs de rente. Rien ne nous paraît plus choquant que cette égalité de traitement qui est cependant une conséquence inéluctable du système. Impossible en effet de distinguer entre les diverses natures du revenu, du moment où on les confond dans un même bloc, et, si on les distingue, on sort du régime synthétique pour entrer dans le régime analytique.

Il nous paraît que la conclusion que nous avons fait pressentir se dégage maintenant avec netteté : les nécessités de nos budgets, la division des revenus dans notre pays, qui est un pays de petits propriétaires, de petits rentiers, de petits employés, l'obligation où nous sommes et où nous voulons nous tenir d'exempter largement les revenus du travail quand ils répondent à un minimum d'existence, toutes ces raisons nous interdisent une copie servile du système anglais ou du système allemand et nous commandent de rechercher un régime d'impôts sur le revenu approprié aux traditions, aux mœurs, à la répartition des fortunes dans notre pays.

Du système anglais nous retiendrons cependant la supériorité que comporte un régime de taxes parallèles sur les revenus permettant les distinctions et les discriminations, arrêtant les produits à la source, emportant par suite une large productivité. Il ne nous paraît pas qu'on puisse concevoir un système scientifique d'impôt sur le revenu si on ne lui donne comme assises des taxes diverses adaptées aux différentes natures de ressources. Nous convenons en revanche que ce qui fait la faiblesse du régime anglais et la force du régime allemand, c'est que le premier ignore la progression que comporte le second. La solution idéale consisterait à combiner les deux systèmes que nous avons envisagés en les adaptant aux conditions particulières de l'existence dans notre pays.

Nous croyons nous approcher, autant qu'il est possible, du but en vous proposant de juxtaposer des impôts réels sur toutes les catégories de revenus et un impôt personnel global. En première ligne nous établissons, à l'image de ce qui existe en Angleterre, un impôt général sur les diverses classes de revenus, les atteignant à leur source, au moment

où ils apparaissent, d'après des règles de constatation,
d'assiette et de recouvrement convenablement appropriées à
chaque nature de revenus, ne comportant ni arbitraire. ni
inquisition. Par dessus cette première série de taxes nous
instituons un impôt personnel global répondant quant à sa
conception, sinon dans son application, à l'*Einkommen-
steur*, véritable taxe de redressement des inégalités fiscales,
destinée à atteindre dans leur ensemble les fortunes des
contribuables aisés ou riches. Connaissant par les rôles des
impôts réels sur les revenus les éléments épars de la fortune
de chacun, nous pouvons nous dégager du formalisme
rigoureux et souvent vexatoire qui caractérise le système
allemand et asseoir équitablement un impôt personnel complémentaire à tarif progressif sur tous les revenus dépassant
le chiffre de 5.000 francs au-dessous duquel il nous a paru
qu'il ne serait pas sans inconvénient de descendre.

Nous espérons réunir ainsi les avantages que comporte
l'un et l'autre des régimes d'impôts que nous avons décrits
et ce qui nous fortifie dans cette vue, c'est que la pratique
de son propre système paraît conduire la nation anglaise si
merveilleusement apte à évoluer vers une conception analogue. Reconnaissant que l'*income tax* ne fait pas et ne peut
pas faire à la progressivité une part suffisante, une commission extraparlementaire récemment formée, placée sous la
présidence de sir Charles Dilke, comptant, à côté de députés
libéraux, radicaux et socialistes, des officiers de la couronne,
vient de conclure notamment en faveur de la création d'une
super-tax ou d'un impôt complémentaire sur l'ensemble du
revenu, destinée à compléter, à parfaire le régime actuel, en
frappant exclusivement et d'un taux progressif les fortunes
de quelque importance.

La seule différence essentielle qui existe entre le régime
que nous proposons d'instituer en France et celui qui, peut-
être prochainement, fonctionnera au plein en Angleterre.
c'est que l'état de morcellement des fortunes et des revenus
qui caractérise notre pays ne nous permet pas de consentir
les larges exemptions à la base dont bénéficient de l'autre
côté de la Manche tous les citoyens dont l'ensemble des
ressources, quelle que soit leur origine n'atteint pas un
chiffre minimum. Déjà, nous avons établi que l'on se heur-
terait à des impossibilités si l'on prétendait affranchir de
l'impôt quiconque a moins de 4.000 francs de revenu.

Que si l'on pense à abaisser à 2.000 francs le chiffre de
l'exonération générale, on constate que l'on serait conduit à
exempter de tout impôt direct 8 millions de contribuables
sur 11 millions, réunissant un revenu total d'environ 9 mil-

liards. Pour recouvrer les 600 ou 700 millions nécessaires sur les 2 millions de contribuables qui resteraient seuls frappés, il faudrait, ainsi que nous l'avons déjà démontré, faire choix de tarifs exagérés.

Mais ce qui est décisif c'est que, même si l'on s'arrêtait à une telle résolution, on n'accorderait pas aux contribuables les plus intéressants les ménagements et les exemptions auxquels ils nous paraissent avoir légitimement droit.

Quelque chiffre de déduction que l'on fixe, l'uniformité en quelque sorte aveugle d'un semblable minimum aurait le grave défaut de ne pas tenir compte des circonstances essentielles qui différencient les situations. Ne voit-on pas qu'il y aurait la plus criante injustice à exonérer le petit rentier qui peut vivre oisif à la campagne, dans une honnête aisance, avec 1.200 francs de revenus par exemple, tandis que l'on taxerait sans merci l'ouvrier, le petit employé qui, au prix d'un travail opiniâtre, dans une ville comme Paris, où la vie est chère, parviendra à grand'peine à nourrir sa famille avec les 2.500 francs de son salaire ?

Le principe auquel il convient de rattacher tout système de déductions, c'est la nécessité d'exempter de l'impôt le minimum rigoureusement nécessaire à l'existence. Or, pour apprécier ce minimum, il faut considérer, non pas les revenus du capital auxquels, dans l'immense majorité des cas, chacun est libre d'ajouter s'il le veut le produit de son travail, mais bien les revenus du travail seul, auxquels inversement on ne peut adjoindre à volonté les produits, si modestes soient-ils, d'un capital. Ce minimum d'ailleurs ne saurait être le même à la campagne ou dans une ville, à Paris surtout. C'est pourquoi une longue méditation de ces questions nous amène à donner notre préférence au système d'exemption qui fait la part la plus belle aux revenus essentiellement précaires du travail, ceux de l'ouvrier, de l'employé, du cultivateur. Notre projet les exonère totalement toutes les fois qu'ils n'atteignent pas un chiffre pouvant aller de 1.250 francs à la campagne jusqu'à 2.500 francs à Paris, et les atteint avec ménagement lorsqu'ils dépassent ces chiffres. Ce serait d'ailleurs une erreur de croire qu'en limitant aux revenus du travail seul l'application de mesures si libérales, nous restreignons, par cela même, le nombre des citoyens qui seront appelés à en bénéficier. Qui donc, en France ne travaille pas ? Il résulte des statistiques très complètes de l'Administration de l'Enregistrement que les petits patrimoines rapportant de 300 à 400 francs de revenus représentent les 85 centièmes du nombre total des patrimoines ; or, les particuliers réunissant en tout moins de 400 francs de revenus ne représentent même pas les 12 centièmes des contribuables. N'est-ce pas montrer clairement que l'immense majorité des Français ajoutent aux modestes revenus qu'ils tirent de leur petite fortune des suppléments de ressources qu'ils demandent au travail, et qu'ils seront appelés ainsi à bénéficier, dans une large mesure, des exemptions et des modérations de taux que nous accordons à cette dernière catégorie de revenus ?

Nous nous sommes bien gardés d'ailleurs, même en cette manière, de donner à nos principes une rigueur excessive ; c'est ainsi que pour les petits propriétaires ruraux cultivant eux-mêmes nous rendons presque insignifiant le poids de l'impôt. L'esprit de prudence nous interdit d'aller plus loin dans cette voie. Quand le nouveau régime d'impôt aura été mis en application pendant quelques années, quand on sera pourvu de statistiques précises que la pratique seule fournira, il appartiendra au Parlement d'envisager s'il faut et s'il veut prononcer d'autres dégrèvements pour les petits contribuables.

Nous n'avons d'autre prétention que d'asseoir complètement l'impôt direct sur de nouvelles bases, que de forger l'instrument nécessaire des réformes et du progrès fiscal. L'expérience apprendra à le manier.

I

L'impôt général sur les revenus

ASSIETTE DE L'IMPÔT

Par l'impôt général sur les revenus que nous vous proposons, nous ne pensons pas, cela va de soi, à restaurer simplement nos vieilles contributions. Nous entendons atteindre les revenus eux-mêmes et nous ne maintenons les dispositions légales actuellement en vigueur qu'autant qu'elles conduisent à la détermination du revenu véritable.

Mais une telle opération portant sur une matière imposable aussi vaste et aussi divisée que l'ensemble des revenus d'un pays ne laisse pas d'être délicate et souvent malaisée ; nous nous sommes efforcé de résoudre le problème en dehors de tout esprit de système, soucieux seulement de donner à l'impôt une assise solide et aux contribuables toutes les garanties qu'ils sont en droit d'exiger. Nous avons donc fait successivement choix de modes d'assiette différents suivant chaque catégorie de revenus. Toutes les fois qu'il nous a semblé possible de déterminer la matière imposable sans avoir recours à la déclaration obligatoire des contribuables, nous nous sommes arrêté en faveur d'un autre mode de constatation, car nous persistons à croire que, dans un pays comme le nôtre, où chacun se montre si jaloux de son indépendance et du secret de ses affaires, les particuliers préfèrent généralement s'incliner devant l'action administrative plutôt que de voir le fisc s'immiscer dans leurs opérations personnelles. Nous n'apercevons pas, d'ailleurs, qu'il soit possible pour les agriculteurs de faire annuellement la déclaration de leurs revenus ou de leurs bénéfices si variables d'une année à l'autre et parfois si difficiles à dégager.

Tout le monde reconnaîtra, d'autre part, qu'une déclaration obligatoire imposée au commerçant ou à l'industriel pourrait avoir, dans certains cas, des conséquences regrettables ou même désastreuses. En résumé, nous n'admettons la déclaration que dans les cas où elle ne vient à l'encontre d'aucun intérêt sérieux et respectable et seulement pour les revenus à l'égard desquels l'Administration se trouve manquer tout autre élément d'appréciation. Tel est le cas pour les professions libérales, autres que les charges ministérielles, et pour les bénéfices, gains ou profits divers tirés de la pratique d'un art, de l'exercice d'un talent. Pour cette seule catégorie de revenus nous prendrons la déclaration comme base d'assiette de l'impôt. Nous estimons, au contraire, que, en ce qui concerne les autres sources de revenu, l'Administration, grâce aux éléments d'information qu'elle possède déjà et aux moyens nouveaux de se renseigner que nous lui ouvrons, est en situation d'évaluer elle-même avec une approximation parfois rigoureuse, toujours suffisante, le montant des ressources annuelles de chaque contribuable.

Propriétés immobilières

Déjà aujourd'hui l'évaluation du revenu des propriétés bâties s'effectue dans des conditions d'exactitude que personne ne songe à contester, et selon des règles qu'il nous a paru possible de maintenir purement et simplement.

C'est un système analogue que nous proposons d'étendre aux revenus des propriétés non bâties. Autant en effet il serait difficile d'exiger de chaque propriétaire la déclaration exacte de ses revenus annuels, en raison même de la mobilité et de complexité des éléments qui interviennent dans la détermination de la rente foncière, autant il est aisé de fixer, avec une approximation presque certaine, la valeur locative moyenne d'une propriété. Les données résultant des baux, les renseignements apportés par les répartiteurs, les indications de contenance fournies par les intéressés eux-mêmes constitueront en faisceau d'éléments suffisants pour permettre d'asseoir l'impôt nouveau sur des bases certaines, conformes à la réalité des faits.

Si l'on a jusqu'ici ajourné cette partie de la réforme, sur la nécessité de laquelle cependant tout le monde était d'accord, c'est que l'on a toujours reculé devant le temps et la depense qu'eût exigés une revision générale du cadastre. Mais à notre avis, la question était mal posée. Il nous a paru inutile, pour atteindre le but que nous nous proposons, de nous attacher à la mise au courant, parcelle par parcelle, d'un document qui, dans ses détails et ses indications, ne correspond plus, la plupart du temps, à rien de réel, et dont la reconstitution ne présente pas, au point de vue qui nous occupe, un intérêt pressant. Ce qu'il est essentiel mais suffisant de connaître, c'est le revenu de chaque propriétaire, et c'est là un résultat qui est relativement facile d'obtenir.

Nous avons fait procéder dans un certain nombre de départements à des opérations d'évaluation comprises ainsi que nous venons de le dire, et ces expériences nous ont paru concluantes. Grâces aux déclarations de contenances demandées aux propriétaires, aux indications contenues dans les baux, aux renseignements toujours très précis fournis par les répartiteurs, l'Administration a pu déterminer, dans des conditions de célérité et d'exactitude fort appréciables, les revenus fonciers moyen de chaque propriétaire. Ainsi établis, les revenus fonciers devant servir d'assiette à l'impôt seront périodiquement revisés. En raison du surcroît de travail que des opérations de cette importance exigent de l'Administration et de la lenteur des évolutions qui amènent des plus-values ou des moins-values notables et définitives dans le chiffre de la rente foncière, il a paru que ces revisions pourraient sans inconvénients n'avoir lieu que tous les dix ans. Nous proposons, d'ailleurs, pour tenir compte des frais d'entretien, des périodes de jachère ou de non-location, des risques divers, d'évaluer le revenu net imposable aux quatre cinquièmes des revenus déterminés par les commissions de recensement. Il peut être intéressant de remarquer, dès maintenant, qu'appliqué aux revenus fonciers des communes expérimentées le nouvel impôt que nous vous proposons faisait ressortir pour chacune de ces communes des diminutions de charges allant jusqu'à 60 %. Dans l'ensemble, il aboutit à un dégrèvement de près de moitié de l'impôt actuel.

Bénéfices agricoles

Il est encore d'autres catégories de revenus que l'Administration se trouve à même d'évaluer, sans recherches vexatoires, et notamment les bénéfices agricoles. On sait qu'il existe un rapport étroit entre ceux-ci et la valeur locative du sol ; et on peut estimer qu'en France, de l'avis des économistes les mieux qualifiés, ils représentent une somme au moins égale, plutôt supérieure à la rente du sol. Il nous a semblé qu'il y avait intérêt, pour l'administration et pour les particuliers, à adopter une présomption de ce genre, à la fois rationnelle et commode ; nous proposons donc de considérer les bénéfices agricoles comme égaux aux revenus fonciers imposables, c'est-à-dire en réalité aux quatre cinquièmes de la rente. Un tel mode d'évaluation offre le très grand avantage de stimuler l'énergie et l'ingéniosité des cultivateurs, en laissant indemne la partie des bénéfices qu'ils peuvent réaliser en excédent du rapport pris pour base, et il évite au fisc d'avoir à s'ingérer dans le détail infini des opérations agricoles. C'est d'ailleurs un système analogue qui fonctionne en Angleterre à la satisfaction générale.

Bénéfices industriels et commerciaux

La question est plus difficile en ce qui concerne les bénéfices industriels et commerciaux ; elle ne nous paraît cependant pas insoluble. Les actes de cession de fonds de commerce, les déclarations de succession, certaines bases d'assiette de l'ancienne contribution des patentes permettront de déduire dans la plupart des cas les bénéfices industriels et commerciaux, ainsi que ceux des charges et offices. Pour l'industrie notamment, les éléments de production peuvent servir à dégager avec une grande approximation les profits de chaque entreprise ; il en est de même pour les commerces ou les fabrications qui sont soumises au contrôle de l'Administration des contributions indirectes. Nous proposons d'ailleurs pour compléter cet ensemble de garanties, de faire assister le contrôleur dans son travail d'évaluation par une commission composée d'hommes compétents désignés par le Préfet sur la proposition des conseils municipaux, et choisis de préférence parmi les anciens patentables. Cette Commission pourra s'éclairer, lorsqu'elle restera dans le doute, de renseignements spécialement demandés à certains contribuables, sur les conditions matérielles de fonctionnement de leurs industries, ou d'exercice de leur commerce, notamment

3

au sujet du nombre de leurs ouvriers ou employés, de la force ou de la nature de leurs machines, de l'importance des matières mises en œuvres, etc... Mais il sera bien spécifié qu'elle se maintiendra exclusivement dans le domaine des faits apparents et en quelque sorte extrinsèques, s'abstenant de tout ce qui pourrait ressembler à une ingérence dans les affaires mêmes de l'entreprise, comme le serait par exemple l'examen de la comptabilité, des contrats passés, etc. Enfin, par surcroît de garantie, nous proposons que les évaluations ainsi préparées par le contrôleur d'accord avec la Commission ne soient d'abord que provisoires, et qu'elles soient portées à la connaissance de chacun des intéressés qui resteront libres de venir les contester devant la Commission, de déclarer s'ils le jugent bon le chiffre réel de leurs revenus, et de fournir l'appui de leurs affirmations tous les éléments d'appréciations qu'ils croient convenables. Le plus souvent de ce débat facultatif et aimable sortira une entente équitable, et par le seul jeu des bonnes volontés, sans arbitraire, sans pression, sans inquisition, l'impôt deviendra vite ce qu'il doit être, conforme à la réalité des faits et vraiment proportionnel aux revenus.

Revenus du travail

Pour la détermination des traitements, salaires, gages, pensions de toute nature, il nous a paru que l'Administration pouvait aisément les déterminer sans l'intervention personnelle des imposables. Au lieu de s'adresser à chacun des redevables eux-mêmes, et de multiplier ainsi contre l'Administration et la grande masse des contribuables des contacts qu'il est toujours préférable d'éviter, nous avons considéré qu'il serait à la fois plus logique et plus simple d'astreindre les employeurs et les débi-rentiers, nécessairement moins nombreux, moins directement intéressés, et dont on peut plus aisément contrôler les opérations, à fournir à l'Administration les éléments nécessaires pour asseoir l'imposition de cette nouvelle catégorie de revenus. On verra d'ailleurs plus loin que les nombreuses et importantes exemptions que nous accordons à la classe des travailleurs auront pour effet de restreindre et de limiter singulièrement les obligations que nous mettons à la charge des employeurs.

Revenus des valeurs mobilières

Restent enfin les revenus des capitaux mobiliers auxquels, d'une façon générale, nous avons été naturellement conduits à étendre les règles de constatations, d'assiette et de recouvrement actuellement en vigueur pour la taxe de 4 % sur le revenu des valeurs mobilières françaises. Il n'y a, en effet, que deux moyens pour asseoir l'impôt sur les ressources de cet ordre : la déclaration du contribuable et le « stoppage », c'est-à-dire le prélèvement en quelque sorte automatique de l'impôt au moment même du payement par le débiteur, des intérêts, dividendes et autres produits. Entre ces deux modes d'assiette nous n'avons pas hésité un instant et nous ne pouvions pas le faire. Ce serait exposer le Trésor aux plus graves dangers que de renoncer à un système qui a fait ses preuves depuis la loi du 29 juin 1872, qui prévient toute fraude, pour en adopter un autre qui, étant donné la multiplicité et la diffusion des titres au porteur, fait vraiment la part trop belle aux contribuables peu scrupuleux. L'impôt sera donc prélevé dans tous les cas à une exception près par les sociétés, banquiers, intermédiaires, débiteurs quelconques, qu'il s'agisse de valeurs mobilières françaises ou étrangères émises par des sociétés et collectivités privées, ou par des Etats étrangers, qu'il s'agisse de dépôts en compte, de cautionnements, de créances hypothécaires, privilégiées ou chirographaires ; les débiteurs en seront comptables vis-à-vis du Trésor et s'acquitteront suivant les cas par des versements matériels dans les caisses de l'Etat, ou par l'opposition de timbres spéciaux sur les quittances d'intérêts.

Préoccupés d'ailleurs d'apporter plus d'harmonie et plus d'équité dans notre législation, actuellement si touffue, en matière de valeurs mobilières, nous proposons, dans ce projet même, de compléter cet ensemble de mesures par une refonte des droits de timbre et de transmission, de façon à atteindre plus proportionnellement les différentes valeurs frappées aujourd'hui si inégalement et dans une proportion pouvant varier de 8 à 15 p. 100 pour les seules valeurs françaises. Par un simple changement d'assiette, en n'augmentant que d'une somme de 16 à 17 millions l'ensemble des charges qui pèsent sur les valeurs françaises, nous dégrevons les valeurs à bas intérêt, les plus populaires et les plus répandues, pour accroître modérément les charges de certains groupes d'actions, actuellement privilégiés, et arriver, pour ce qui est des valeurs au porteur, à un taux unique, tous impôts compris, de 11 0/0. Nous nous sommes efforcés en outre, par un ensemble de mesures, de maintenir un équilibre rigoureux entre les valeurs françaises et les valeurs étrangères, de quelque nature qu'elles soient. Enfin notre système de perception permet de faire tomber les prescriptions gênantes et parfois prohibitives auxquelles sont actuellement soumises l'émission, l'admission à la cote et d'une façon générale l'introduction et la circulation en France des valeurs étrangères. C'est là une réforme que nous considérons comme capitale. Grâce à elle nous débarrassons de ses entraves, et nous ouvrons largement le marché financier français dont nous tenons à maintenir et à fortifier la situation prépondérante dans le monde.

Rente française

Il ne reste plus qu'une question dont nous ne voulons dissimuler ni la gravité, ni la complexité, qui a été la pierre d'achoppement de maint projet antérieur ; celle de l'imposition des revenus tirés des fonds d'Etat français.

Contre ce qu'ils appellent très improprement « l'impôt sur la rente », les adversaires déclarés ou déguisés de tout impôt sur le revenu essayent d'accumuler les arguments. Ils prétendent d'abord que l'Etat est lié, que « des conventions solennelles ont exempté le 3 p. 0/0 de tout impôt », que « la troisième République ne peut déchirer le pacte conclu sous la première Révolution » et qui prit corps dans la loi du 9 vendémiaire an VI. Ils omettent de dire que le législateur de vendémiaire, en déclarant le tiers consolidé « exempt de toute *retenue* présente et future », et non de toute *contribution*, avait principalement sinon uniquement en vue les réductions ou suppressions d'intérêts arbitrairement faites par la Monarchie de 1522 à 1789. La disposition avait pour objet de prémunir les rentiers contre les « retranchements de quartier » chers aux ministres de l'ancien régime; elle était d'autant moins superflue qu'elle figurait dans la loi qui réduisait les rentes des deux tiers. On conçoit qu'il importait au plus haut point de solennellement affirmer aux créanciers de l'Etat que de telles opérations ne se répéteraient pas dans l'avenir.

Il est si vrai que l'article de loi cité n'a pas d'autre portée que le législateur de 1836 et celui de 1850 n'ont pas hésité à assujettir les titres de rente d'abord aux droits de donation entre vifs, ensuite aux droits de succession. Ceux qui nous ont précédé n'ont donc pas admis que la loi de vendémiaire eût conféré aux effets publics de l'Etat un privilège général et une immunité absolue. Il y a plus, en 1850 il n'existait ni impôt sur le revenu ni droit de transfert obligatoirement payé lors des mutations de valeurs à titre onéreux. Le premier de ces deux impôts fut établi en 1872, le second en 1857. Entre 1850 et 1857 les rentes françaises furent donc placées exactement sur le même pied que les autres valeurs

mobilières, sans qu'il vint à l'esprit de personne de prétendre
que le Gouvernement de Juillet et la seconde République
eussent déchiré le pacte conclu sous la première Révolution.

La vérité sur ce point a été fréquemment dite par des
hommes qui ne passent pas pour des révolutionnaires : par
Casimir Perier en 1871 (1), par M. Boulanger en 1894 (2),
par les membres de la Commission extraparlementaire de
l'impôt sur les revenus (3), par un de mes prédécesseurs et
non des moindres, M. Georges Cochery (4), par M. Camille

1. M. Casimir-Perier, présentant, en 1871, son projet d'impôt qui taxait la
rente, disait : « Ce qu'on peut se demander, c'est si la nation a été maîtresse
d'aliéner de quelque façon que ce soit un droit imprescriptible — celui
d'imposer des charges à tous ses enfants, de leur demander leur part proportionnelle des sacrifices à faire, sur leur fortune, dans un intérêt public. »
Projet contenu dans le rapport fait le 31 août 1871 par M. Casimir-Perier
au nom de la Commission du budget de 1871, sur le budget rectifié de cet
exercice. (Assemblée nationale, session de 1871, impression n° 575.)

2. M. Boulanger, sénateur, premier président de la Cour des comptes, dit
au cours de la séance tenue le 28 novembre 1894 par la Commission extraparlementaire de l'impôt sur les revenus :
« J'ai le droit de dire qu'aucun des motifs qui justifiaient autrefois l'*exonération* de la rente ne subsiste et c'est pourquoi il s'est fait un mouvement
d'opinion publique en faveur de l'imposition de la rente...
« Je crois qu'il y a dans cette matière une question plus haute, une question
d'égalité démocratique. N'y a-t-il pas aujourd'hui une véritable injustice à
voir des rentiers en nombre aussi considérable ne payer aucun impôt sur le
revenu qu'ils touchent de l'État ? Si l'on veut répondre aux attaques actuellement dirigées contre le capital oisif, il faut, autant que possible, rendre
l'impôt égal pour tous...
« ... Nous ferons, soyez-en convaincus, un acte de justice démocratique en
décidant que les rentiers doivent être imposés. »

3. La Commission extraparlementaire de l'impôt sur les revenus a consacré
deux séances à la discussion de la taxation des fonds d'État français. Dans la
séance du 28 novembre 1894, elle repoussa l'assujettissement des rentes à un
impôt qui restait à déterminer, par 7 voix contre 6 et 2 abstentions. Dans la
séance du 13 mars 1895, alors que ses travaux étaient presque terminés et
qu'elle put envisager un système général d'impôts sur les revenus, elle se
prononça pour l'application de l'impôt sur les revenus aux rentes françaises.
Elle rejeta même une proposition de M. Neymarck tendant à exempter les
rentes sur l'État français existantes. « C'est par ces considérations tant de
droit que de fait, écrit M. A. Coste, après avoir résumé les débats, que la
Commission a résolu qu'il y aurait lieu d'appliquer l'impôt sur les revenus
aux rentes de l'État français. »

4. M. Georges Cochery, Ministre des finances du cabinet Méline déposa le
4 juin 1896 à la Chambre des Députés un projet de loi portant fixation des
impôts directs sur les revenus et des taxes y assimilées pour l'exercice 1897.
La rente française était frappée par l'impôt dans la cédule C du projet. Le
Ministre écrivait dans l'exposé des motifs :
« Nous ne proposons pas un impôt spécial sur la rente alors que nous
appliquons à tous les revenus des capitaux une taxe uniforme de 4 fr. 50 0/0.
En lui refusant l'immunité nous appliquons simplement le droit commun à
cette variété de revenu. La question de droit est indiscutable ; il n'y a pas
d'engagements contraires. »
En défendant son projet à la Chambre dans la séance du 3 juillet 1896,
M. Georges Cochery disait :
« Nous ne déchirons pas un contrat ;... s'il existait, je ne dis pas la certi-

Krantz (1), par M. Aynard, par Gambetta enfin qui, en 1876, faisait adopter par la Commission du budget dont il était président, le texte suivant qu'il avait rédigé lui-même :

« La Chambre... se trouve dans l'obligation d'étendre les conditions de la loi du 29 juin 1872 aux revenus qui ont été indûment exemptés. C'est ainsi qu'il faut frapper de cette taxe les intérêts des fonds d'Etat nationaux (2). » On peut ajouter à ces noms d'hommes politiques ceux de nombreux économistes : M. Paul Leroy-Beaulieu (3), M. Fernand Faure (4), M. de Foville (5). La vérité est qu'autant il serait

tude, mais seulement le moindre doute en droit, nous n'eussions pas hésité, nous aurions renoncé à l'application du droit commun à la rente. Si nous avons apporté notre projet c'est parce que nous avons la conviction intime que le droit de l'Etat était entier, absolu ! »

1. M. Camille Krantz fut nommé rapporteur de la Commission chargée d'examiner le projet de loi de M. Georges Cochery, M. Paul Delombre était président de cette Commission. Le rapporteur écrit (Documents parlementaires, 1896, annexe 1951) :

« Cette situation privilégiée de toute une catégorie de contribuables (porteurs de rentes sur l'Etat, fonds publics étrangers et créanciers hypothécaires) est une atteinte évidente au principe de l'égalité de tous les citoyens devant l'impôt : le législateur a le droit incontestable et le devoir d'y mettre un terme ; ce point n'est contesté par personne. Les défenseurs les plus convaincus de l'immunité de nos fonds d'Etat nationaux, ceux-là mêmes qui se montrent les plus intransigeants, n'ont jamais songé à nier l'obligation commune à tous les contribuables, aux créanciers de l'Etat comme aux autres, de payer l'impôt en proportion de leur revenu.

« ... En cette matière, le droit supérieur de l'Etat n'est plus susceptible d'être tenu en échec par des privilèges attachés à certaines catégories de personnes ou à certaines natures de propriété. »

2. Le projet n'a pas été imprimé à la Chambre, mais a paru dans la République française du 16 octobre 1876.

3. Voir Traité de la science des finances, 4e édition, Paris, Guillaumin, tome II, pages 512 et suivantes. Le 30 mai 1896, M. Paul Leroy-Beaulieu a écrit dans son article :

« Un impôt spécial sur la rente est insoutenable ; ce serait une violation des règles de l'équité : l'assujettissement au contraire des fonds publics français comme des fonds publics étrangers aux impôts généraux qui existent sur toutes les valeurs et sur tous les revenus dans le pays, serait un acte parfaitement loyal et équitable. »

4. Voir les débats de la Commission extraparlementaire d'impôt sur les revenus. Le 28 novembre 1894, M. Fernand Faure, ancien directeur général de l'Enregistrement, professeur à la Faculté de droit, dit :

« Au point de vue politique, en même temps qu'au point de vue de cette justice idéale que nous avons le droit et le devoir de considérer dans cette discussion, au point de vue de cette justice que nous voulons réaliser par l'établissement d'impôts frappant également tous les contribuables français, il faut que la rente soit frappée d'un impôt comme sont frappés les autres revenus. » (Procès-verbaux, tome II, page 667.)

5. A la séance du 28 novembre 1894, de la Commission extraparlementaire de l'impôt sur les revenus, M. de Foville, membre de l'Institut, ancien directeur de la Monnaie, déclare !

« Je voterai avec ceux qui pensent que le revenu du rentier, comme les revenus du propriétaire, de l'agriculteur, du commerçant, de l'industriel, doit l'impôt au Trésor public. »

monstrueux de frapper d'un impôt spécial les arrérages des rentes françaises, autant il est logique et légitime d'atteindre dans un impôt général pesant également sur tous les revenus ceux qui proviennent de la possession de fonds d'Etat.

Qu'allègue-t-on encore ? Qu'il n'est pas de l'intérêt bien entendu de l'Etat de taxer les porteurs de ses titres, qu'il est plus avantageux de laisser les rentes indemnes ? Ainsi, dit-on, les cours s'élèvent et on peut effectuer des conversions profitables pour le crédit public.

Nous ne voulons pas rechercher ici si une telle politique financière, la politique des conversions, est heureuse dans toutes ses parties; il y aurait beaucoup à dire sur ce sujet. Nous retiendrons seulement que les conclusions auxquelles elle aboutit ne sont pas précisément à l'avantage des rentiers.

Une objection plus spécieuse est formulée par ceux qui prétendent que taxer les rentes aboutit simplement à exproprier en partie les détenteurs actuels des titres. Si l'on inflige, disent ceux-ci, un impôt de 4 0/0 aux porteurs de rentes, on diminuera de 4 francs par 100 francs la valeur de leurs titres qu'exprime le cours de bourse. Ceux qui achèteront demain ne ressentiront pas l'impôt dont l'effet aura été entièrement supporté par les porteurs de titres au jour où la loi sera intervenue.

C'est là, à notre sens, un pur sophisme qui, si on l'acceptait, ne tiendrait à rien moins qu'à interdire toute réforme fiscale. Pourquoi diminuer l'impôt foncier sur les propriétés non bâties, puisqu'il a dû, comme l'impôt sur les valeurs mobilières, être entièrement supporté par ceux qui possédaient les terres le jour où il a été établi et que les acquéreurs subséquents ne l'ont pas payé et ne le payent pas en réalité ? De quel droit, d'autre part, augmenterait-on les impôts sur les valeurs mobilières ? De quel droit proposerions-nous de frapper les fonds d'Etats étrangers du moment où ces impositions impliqueraient des dépossessions, des confiscations partielles? L'avocat général Séguier, combattant dans le lit de justice du 12 mars 1776 la suppression des corvées proposée par Turgot, soutenait lui aussi, qu'il fallait précieusement maintenir un impôt qui ne pesait pas, en fait, sur les corvéables, parce qu'il était déduit de la valeur locative des biens fonds.

De tout temps c'est par des raisonnements de cet ordre qu'on s'est appliqué à défendre les privilèges. Au reste, pour répondre objectivement, il suffit d'inviter nos contradicteurs à observer les faits. En Angleterre l'*income tax* atteint tous les revenus sans exception, les fonds d'Etat nationaux aussi bien que les autres. Le taux de l'impôt est variable. Il est tantôt relevé, tantôt abaissé suivant les besoins du Trésor. Les cours des consolidés n'expriment cependant pas ces oscillations. Sans doute, lorsqu'en 1872, fut instituée la taxe de 3 0/0 sur les valeurs mobilières, les cours des valeurs françaises s'infléchirent, mais ils remontèrent dès l'année suivante jusqu'à retrouver et à dépasser rapidement ceux qui avaient été précédemment cotés. Il en fut de même, en 1889, lorsque l'impôt fut porté de 3 à 4 0/0. Inutile de nous attarder davantage.

Au surplus, nous avons hâte d'aborder de front la question, de la discuter largement, d'envisager quelles seraient les conséquences d'une exemption d'impôt au profit, nous ne dirons pas des rentes sur l'Etat — nous n'admettons pas une telle expression qui est tout à fait inexacte — mais au bénéfice des possesseurs de revenus constitués en fonds d'Etat. Aujourd'hui, dans notre régime d'impôts fragmentaires, les rentiers ne sont pas taxés à raison de leur revenu réel, mais ils acquittent la contribution personnelle-mobilière calculée plus ou moins heureusement d'après leur revenu présumé. Demain, l'impôt personnel-mobilier aura disparu en même temps que l'impôt des portes et fenêtres. Il existera sans doute une taxe sur le revenu global; mais, comme nous l'avons fait pressentir, elle n'atteindra que 500.000 contribuables sur 11 millions de chefs de famille; elle ne frappera que les possesseurs de plus de 5.000 francs de revenu. Donc, dans la plupart des communes rurales, dans beaucoup de petites villes, personne ne sera soumis à l'impôt complémentaire. Considérons un instant une de ces communes rurales, une de ces petites villes. Ceux qui l'habitent sont des propriétaires fonciers, des possesseurs de valeurs mobilières, des petits fonctionnaires, des porteurs de rentes sur l'Etat. L'agriculteur continuera à payer un impôt — c'est justice — réduit sans doute — c'est également justice — dont il devra tous les ans verser le montant en monnaie sonnante et trébuchante dans la caisse du percepteur. Le possesseur de valeurs mobilières subira une retenue sur ses coupons, le petit fonctionnaire supportera un prélèvement sur le revenu de son travail s'il excède le minimum prévu dans la loi. Seul le rentier qui pourra posséder 4.900 francs de rentes sur l'Etat sera affranchi de toute taxe, parce qu'il aura placé son argent en fonds publics. Bien plus, le petit propriétaire, le possesseur de valeurs mobilières, le salarié de l'Etat devront travailler pour couvrir les frais de son privilège.

C'est pour ces raisons décisives que nous vous proposons de soumettre tous les possesseurs de revenus constitués en fonds d'Etat nationaux à l'impôt général. Mais, désireux de clairement démontrer que c'est le revenu, quelle qu'en soit l'origine, et non le titre que nous entendons frapper, voulant pleinement rassurer les porteurs de rente, nous demandons de percevoir l'impôt par voie d'avertissement direct. En des termes plus précis, le coupon sera intégralement payé demain comme aujourd'hui, comme hier. Les rentiers seront simplement invités, sans qu'il soit besoin de leur imposer une déclaration, les agents du Trésor ayant des moyens d'information suffisants, à acquitter ultérieurement l'impôt calculé au taux de 4 °/₀ de leurs arrérages.

Volontairement, pour bien marquer aux porteurs de rentes que la taxe est assise sur leur revenu, *quoique* constitué en valeurs d'Etat et non *parce qu'il* provient de fonds publics, pour rendre plus tangible ce que nous avons affirmé, à savoir qu'un Etat n'a en aucun cas le droit d'atteindre spécialement les rentiers, nous nous condamnons à une complication d'écritures et de perception. Volontairement aussi, pour conserver aux rentes françaises un marché large et libre, nous maintenons l'exonération des droits de timbre, de transfert et de transmission dont elles ont bénéficié jusqu'ici, si bien que, tandis que les valeurs françaises payeront 6 °/₀ ou 11 °/₀ d'impôt, suivant qu'elles seront nominatives ou au porteur, les propriétaires de fonds d'Etat ne seront taxés qu'au taux de 4 °/₀. Il est juste qu'ils supportent un tel impôt.

TAUX ET EXEMPTIONS

Ce n'est pas seulement au point de vue de l'assiette des droits que la distinction des revenus suivant leur nature et leur origine présente de multiples avantages ; elle permet en outre d'accorder un traitement différent, en ce qui concerne la taxation, à chaque catégorie de revenus. Ainsi que nous l'avons déjà fait pressentir, nous estimons qu'on ne saurait équitablement frapper dans la même proportion les ressources essentiellement précaires que procurent le travail et les revenus plus durables que donne la propriété mobilière ou immobilière. Aux revenus du travail nous proposons d'appliquer un taux réduit de 3 °/₀ ; à ceux du capital nous étendons uniformément le taux de 4 °/₀ actuellement édicté en matière de valeurs mobilières françaises. Quant aux revenus mixtes, ceux qui résultent de la coopération de ces deux facteurs, ils supporteront un taux intermédiaire de 3 50 °/₀. Cette discrimination qui, à elle seule, nous eût paru insuffisante, s'accusera et s'accentuera notablement du chef des exemptions à la base que nous accordons aux revenus du travail et aux bénéfices agricoles.

Voici quelques précisions :

Les traitements publics et privés, salaires, gages, revenus des professions libérales seront totalement exemptés lorsqu'ils n'atteindront pas un minimum et ne seront frappés de l'impôt, lorsqu'ils seront supérieurs au chiffre en question, que pour la portion qui l'excédera. Le montant de l'exemption ou de la déduction est fixé à 1.250 francs, 1.500 francs, 1.750 francs, 2.000 francs et même 2.500 francs, suivant l'importance de la ville où habitent les redevables, pour des raisons sur lesquelles il n'est pas besoin d'insister. Il est fixé uniformément à 1.250 francs pour les pensions et rentes viagères.

Les bénéfices agricoles, qui, pour les exploitations de moyenne et de petite importance, peuvent être considérés comme les produits presque exclusifs du travail seul, profiteront également d'une exemption totale lorsque leur évaluation sera inférieure à 1.250 francs et jouiront dans les cas d'une atténuation égale à cette somme (1).

Comme nous ne saurions trop répéter que, en France, les petits traitements et les petites exploitations constituent l'immense majorité, les exemptions que nous proposons affranchiront de tous droits une masse considérable de contribuables. En ce qui touche notamment les bénéfices agricoles, on constatera, non sans surprise peut-être, qu'une exemption de 1.250 francs suffit à exonérer de l'impôt 5.470.000 exploitations sur 5.700.000 que compte la France.

Faut-il enfin redire que le nouveau mode d'imposition des revenus fonciers se traduira par un dégrèvement considérable au profit de la masse des petits propriétaires ruraux auxquels nous impartissons d'ailleurs des avantages encore plus marqués ? À ceux qui, exploitant pour leur propre compte et n'ayant pas d'autres ressources, possèdent plus de 400 francs de revenus fonciers imposables et moins de 501, nous accordons une réduction du cinquième de leur cote ; à ceux qui possède de 301 à 400 francs, une réduction des deux cinquièmes ; à ceux qui possèdent 300 francs ou moins, une réduction des trois cinquièmes. Dans l'ensemble, nous l'avons déjà dit, nous prévoyons une diminution d'environ 50 millions du montant des charges qui pèsent sur la terre.

1. On remarquera que dans le système d'évaluation que nous avons proposé, cette exemption ou cette déduction de 1.250 francs sur le montant des revenus imposables, correspond en réalité à un chiffre de plus de 1.500 francs de revenus vrais.

II

Impôt complémentaire

L'un des principaux avantages du système que nous proposons est, sinon de supprimer, du moins de réduire les difficultés qui se dressent au seuil de tout impôt personnel sur l'ensemble des revenus et qui sont inhérentes au mode d'assiette des contributions de cet ordre. Taxation d'office, déclaration globale, signes extérieurs, chacun de ces procédés, soit qu'on le prenne isolément, soit qu'on le combine avec les autres, ne peut donner une solution satisfaisante du problème.

La question change d'aspect quand l'impôt globale apparaît, ainsi que c'est le cas dans l'espèce comme le couronnement d'un régime où toutes les catégories de revenu sont déjà séparément évaluées et imposées. Grâce au soin que nous avons pris de donner à l'impôt réel sur les revenus, dans chacune des catégories qu'il frappe, une assiette particulière aussi exacte que possible, l'administration est à même de totaliser les revenus des contribuables. Un simple rapprochement entre les rôles des diverses taxes, facilité par un système de renvois de service à service, permet d'additionner les revenus épars et, sans arbitraire, avec une rigoureuse exactitude, en dehors de toute nouvelle intervention du contribuable, l'assiette de l'impôt complémentaire peut être déterminée.

Il subsiste cependant une importante fissure du chef des valeurs mobilières dont les revenus sont atteints à leur source, en dehors de toute action administrative, sans qu'il puisse être formé de rôles nominatifs. La difficulté que nous signalions n'est donc pas — il faut le reconnaître — radicalement écartée ; nous ne pensons pas qu'elle puisse jamais l'être entièrement ; mais nous croyons l'avoir réduite au minimum.

Il faut néanmoins combler cette lacune et l'on peut y parvenir qu'en demandant au contribuable une déclaration, mais une déclaration limitée à ses seuls revenus mobiliers, ce qui ne laisse pas de comporter un avantage appréciable. Inutile, en effet, d'insister sur ce fait que les particuliers hésiteront toujours beaucoup moins à faire des déclarations spéciales et partielles sur des points bien déterminés que des déclarations d'ensemble portant sur le chiffre total de leur fortune.

Il convenait de prendre toutes dispositions utiles pour que la sincérité de ces déclarations fût garantie dans la mesure du possible en mettant cependant les intéressés à l'abri de toute inquisition et de tout arbitraire. A ces fins, nous nous refusons à donner à l'Administration les pouvoirs exorbitants dont elle jouit en Prusse ; nous n'admettons pas que nos agents puissent rejeter les déclarations sur des présomptions ou même sur de simples suppositions, qu'il leur soit permis, comme cela est admis de l'autre côté du Rhin, d'opérer des recherches jusque dans les écritures personnelles des particuliers ; mais le régime très libéral que nous proposons ainsi a pour correctifs nécessaires : d'une part, l'extension des droits d'investigations accordés aux fonctionnaires de l'Enregistrement et de l'Inspection des finances dans les banques et les sociétés de crédit ; d'autre part, des pénalités particulièrement lourdes qui atteindront les auteurs de déclarations incomplètes ou inexactes.

Si le Parlement veut bien sanctionner les dispositions que nous lui proposons à ce double point de vue, il nous paraît que nous aurons tissé un filet de prescriptions assez serré et assez solide pour qu'il ne soit pas très aisé d'en rompre les mailles. On le tenterait cependant et on y parviendrait à coup sûr si l'élévation du tarif de l'impôt donnait une trop large prime à la fraude. Aussi, tout en adoptant un tarif nettement progressif, nous sommes-nous appliqué à le maintenir dans des limites modérées. Nous jugeons qu'il ne serait pas prudent de dépasser les taux de 4 % que nous demandons aux fortunes dont le revenu annuel excède 100,000 francs. Leur petit nombre est tel — à peine 4,000 — que des tarifs élevés provoqueraient sans aucun doute des fuites qui retomberaient indirectement sur les petits contribuables, dont l'impôt complémentaire a précisément pour objet d'alléger le fardeau.

La taxe sur le revenu totalisé est, telle qu'elle se présente, un impôt de redressement, qui exempte les revenus les plus modestes, ceux qui n'atteignent pas 5,000 francs, qui élimine 10,500,000 chefs de famille sur 11 millions que compte la France, qui ménage les fortunes moyennes. Nous lui demandons 120 millions qui représentent le légitime tribu que les possesseurs de revenus importants, épargnés par l'impôt indirect, peuvent et doivent verser au budget afin de pouvoir aux frais des services publics dont ils tirent d'autre part de si larges avantages.

Conclusion

Telle est, Messieurs, la substance du projet que le Gouvernement vous soumet et qui, pour la première fois, offre au Parlement une solution complète du problème des impôts directs.

Tous les projets déposés jusqu'à présent par les Gouvernements qui nous ont précédé ne visaient, en effet, qu'à des réformes partielles. Le projet présenté en 1896 par le Ministre des Finances de l'époque, et qui fut peut-être le mieux combiné de ceux qui successivement virent le jour, se bornait à remplacer la contribution personnelle-mobilière et celle des portes et fenêtres par un impôt analogue à notre impôt complémentaire ; compte tenu de la différence dans les exemptions, cette taxe nouvelle produisait la même somme, à peu de chose près, que celle que nous suggérons, mais les bases en étaient fragiles ; surtout elle laissait subsister nos autres contributions disparates et fragmentaires sur diverses catégories de revenus. Les projets qui intervinrent dans la suite et que rédigèrent nos prédécesseurs et nous-mêmes, en 1901, encourent des critiques analogues. La plupart, d'ailleurs, avaient l'inconvénient de ne pas rompre nettement avec le système des signes extérieurs, le système indiciaire commme on le qualifie dans la technique fiscale, dont l'exclusion est la condition préalable de toute réforme profonde.

Nous avons confiance que la Chambre nous suivra dans la voie où nous lui demandons de s'engager, qu'elle partagera l'opinion que nous avons longuement développée, à savoir que la division des fortunes en France, les charges qui pèsent sur nos budgets, nos traditions, nos mœurs, nos habitudes commandent d'instituer un régime d'impôts sur le revenu qui ne soit pas servilement calqué sur les systèmes-type. Nous nous permettons enfin de lui rappeler ce que, dépliant de vastes plans de réforme, le plus illustre de nos prédécesseurs écrivait : « On doit toujours s'attendre, quand on entreprend des réformes, aux embarras multipliés que feront naître les manœuvres et les cris des hommes de toute espèce intéressés à maintenir les abus, car il n'en est point dont quelqu'un ne vive. »

Explication détaillée des dispositions du Projet

Les deux premiers articles du projet font apparaître la physionomie générale de la réforme. D'une part, en effet, l'article 1er supprime les quatre contributions directes, c'est-à-dire la contribution foncière (propriétés bâties et non bâties), la contribution personnelle-mobilière, la contribution des portes et fenêtres, et la contribution des patentes ; d'autre part, l'article 2 dispose que les contributions supprimées sont remplacées par un impôt général, à caractère réel, portant sur tous les revenus classés en catégories, auquel se superpose un impôt, à caractère personnel, assis sur l'ensemble des revenus de chaque chef de famille.

TITRE PREMIER

De l'impôt général sur les revenus

L'objet de l'impôt général sur les revenus est d'atteindre la matière imposable à sa source en appliquant à chaque nature de revenu le mode d'assiette et de perception qui lui convient le mieux.

Dans cet ordre d'idées, il convenait tout d'abord de classer les divers revenus en catégories. Tel est le but de l'article 3 qui établit la classification suivante :

1ª Revenus fonciers des propriétés bâties ;

2º Revenus fonciers des propriétés non bâties ;

3° Revenus des capitaux mobiliers ;

4° Bénéfices du commerce, de l'industrie et des charges et offices ;

5° Bénéfices de l'exploitation agricole ;

6° Traitements publics et privés, salaires, pensions et rentes viagères ;

7° Revenus des professions libérales et de toutes occupations lucratives non visées dans les précédentes catégories.

L'article 4 dispose que l'impôt sur les revenus autres que ceux des capitaux mobiliers sera assis et perçu par voie de rôles nominatifs comme en matière de contributions directes. Les revenus des capitaux mobiliers subiront au contraire l'impôt, sauf dans un seul cas, par voie de retenues opérées au moment du payement de ces revenus ; c'est ce qu'indique l'article 5.

Dans la classification des revenus telle qu'elle est reproduite ci-dessus, les trois premières catégories sont constituées par les revenus des capitaux fixes ou de la richesse acquise ; les 4e et 5e catégories comprennent les revenus mixtes, c'est-à-dire ceux qui proviennent de la collaboration du capital et du travail ; enfin les 6e et 7e catégories sont afférentes aux revenus du travail.

L'article 6 qui règle le taux de l'impôt tient compte de la qualité des différentes natures de revenus en disposant que les revenus des capitaux (1re, 2e et 3e catégories) seront taxés à raison de 4 %; les revenus mixtes (4e et 5e catégories), à raison de 3 50 %, et les revenus du travail (6e et 7e catégories) à raison de 3 %.

Ayant ainsi arrêté les grandes lignes du nouvel organisme fiscal, le projet aborde ensuite les détails de l'assiette de l'impôt dans chaque catégorie.

1re CATÉGORIE

Propriétés bâties

Un seul article, l'article 7, suffit à régler l'assiette de l'impôt sur le revenu des propriétés bâties. Cet article se borne d'ailleurs à se référer aux lois relatives à la contributions foncière qui, depuis la réforme opérée en 1890, constitue un véritable impôt sur le revenu fonctionnant d'une manière très satisfaisante et pouvant être par suite conservé tel quel dans le nouveau régime fiscal.

2ᵉ CATÉGORIE

Propriétés non bâties

Si l'impôt foncier des propriétés non bâties était établi sur des bases aussi certaines et aussi actuelles que la contribution foncière des propriétés bâties, les matrices cadastrales fourniraient immédiatement les renseignements nécessaires pour asseoir le nouvel impôt sur le revenu. Mais on sait qu'en raison de l'ancienneté des évaluations cadastrales celles-ci ne correspondent plus à la réalité et ne peuvent plus être utilisées. Il a donc fallu pourvoir à l'organisation complète de l'impôt sur le revenu des terres : c'est l'objet des articles 8 à 18.

Les deux premiers de ces articles définissent la matière imposable ainsi que la base de taxation. Cette base est constituée par la valeur locative réelle des terres, déduction faites du cinquième de cette valeur locative.

Il eût été injuste, en effet, de taxer la valeur locative intégrale, qui représente un revenu brut, alors que l'impôt ne doit porter que sur le revenu net. Or, les propriétaires ont à supporter les frais d'entretien et d'amortissement des bâtiments ruraux ; ils courent, en outre, des risques de non-location et de pertes de loyers.

Dans l'impossibilité d'apprécier à cet égard chaque situation individuelle, il a paru équitable d'opérer sur la valeur locative réelle une déduction moyenne et forfaitaire comme en matière de propriétés bâties.

Les articles 10 à 16 déterminent les conditions dans lesquelles il sera procédé aux nouvelles évaluations foncières.

Le travail sera effectué par le contrôleur des contributions directes assisté, dans chaque commune, d'une commission comprenant le percepteur, le maire et cinq propriétaires fonciers désignés par le préfet sur une liste de proposition présentée par le conseil municipal dans les conditions fixées pour la nomination des répartiteurs. La constitution de commissions spéciales s'impose en raison des connaissances locales qu'exige la détermination de la valeur locative des biens-fonds, opération pour laquelle les répartiteurs peuvent ne pas avoir la compétence nécessaire, notamment lorsqu'ils ne sont ni cultivateurs ni propriétaires d'immeubles non bâtis.

Cinq commissaires suppléants seront désignés en même temps que les commissaires titulaires pour remplacer, le cas échéant, ceux de ces derniers qui se trouveraient dans l'impossibité de participer aux opérations.

L'étendue superficielle, l'affectation culturale et la situation topographique des propriétés sont des éléments qui entreront en ligne de compte pour une large part dans la détermination de la valeur locative. Il importe donc, en vue d'arriver à une exactitude aussi grande que possible dans les résultats, de n'appuyer les évaluations que sur des données présentant toutes les garanties désirables à ces divers points de vue. Comme les indications fournies par les documents cadastraux ne correspondent pas à la situation actuelle, il a paru nécessaire de demander aux propriétaires de déclarer la contenance par nature de culture des immeubles qu'ils possèdent dans chacun des lieux-dits du territoire communal. Ces renseignements pourront être consignés sur des formules imprimées qui seront fournies par l'Administration et mises gratuitement à la disposition des intéressés.

A défaut de déclaration dans le délai d'un mois prévu à l'article 11 ou s'il a été produit des déclarations frauduleuses, les propriétaires ne seront pas admis à réclamer contre l'évaluation qui sera attribuée à leurs immeubles sur les indications fournies par la commission communale, à moins que des erreurs matérielles n'aient été commises à leur préjudice. Cette sanction paraît nécessaire et suffisante pour assurer, dans de bonnes conditions, le fonctionnement du système des déclarations.

Le contrôleur des contributions directes déterminera la valeur locative globale de l'ensemble des immeubles non bâties possédés dans la commune par chaque propriétaire, tant à l'aide des données contenues dans les déclarations qu'en utilisant les renseignements qui lui seront fournis par la Commission. En principe, les évaluations seront basées sur les chiffres accusés par les baux et par les autres actes de location réguliers. S'il n'existe pas d'actes de cette nature, on procédera par comparaison, par estimation directe, ou par l'application de taux d'intérêts aux valeurs vénales. Ces divers moyens d'exécution ne comportent aucune explication particulière. Ils sont appliqués journellement par les agents des contributions directes pour la détermination des valeurs locatives, en matière de patente et de contribution foncière (propriétés bâties).

L'article 13 a pour objet de donner aux propriétaires d'immeubles non bâtis des garanties analogues à celles dont jouissent déjà les propriétaires d'immeubles bâtis.

L'article 14 pose le principe de la fixité des évaluations pendant une période de dix ans. Cette disposition est indispensable, car on ne peut songer à faire constater annuellement les changements survenus dans la valeur locative des

4

propriétés non bâties, laquelle ne se présente au surplus qu'à des intervalles très éloignés des variations importantes et définitives. Des dispositions particulières ont d'ailleurs été prévues au second paragraphe de l'article 13 pour les cas exceptionnels qui pourront se produire au cours de la période décennale. Il est à remarquer, au surplus, que la fixité des cotisations ne sera acquise, d'une manière générale, qu'au cours de la troisième année d'application des résultats du travail, à l'expiration des délais mentionnés à l'article 13, § 1er, pour la présentation des réclamations.

La réforme projetée aura sa répercussion sur le mode de constatation des mutations foncières. Dans le système envisagé, en effet, les évaluations feront ressortir en un chiffre global la valeur locative de l'ensemble de chaque propriété sans donner la décomposition de ce chiffre entre les diverses parcelles cadastrales. Ces parcelles ne faisant plus l'objet d'une évaluation distincte, il sera nécessaire, chaque fois qu'une propriété aura été démembrée, de procéder à une ventilation de sa valeur locative globale. La ventilation sera effectuée conformément aux indications des parties contractantes, qui auront la faculté de faire connaître la part de valeur locative correspondant aux parcelles mutées, soit en insérant ces renseignements dans les actes translatifs, soit en adressant une déclaration spéciale au contrôleur des contributions directes. Ce mode de procéder sauvegardera les intérêts du Trésor tout en donnant aux contribuables la faculté de partager l'impôt à l'amiable en cas de division des propriétés pendant la période décennale.

Enfin, les articles 16 à 18 rétablissent sur de nouvelles bases les dégrèvements accordés aux petites cotes foncières.

Ces dégrèvements, institués par la loi du 21 juillet 1897, ont été souvent et très vivement critiqués. On a prétendu qu'ils profitaient en grande partie à des contribuables aisés pour lesquels ils constituaient une faveur injustifiée et l'on a demandé leur suppression pure et simple.

Sans vouloir recourir à cette solution extrême, nous avons pensé que, tout en conservant à la petite propriété rurale des ménagements qui sont de toute justice, il convenait, pour éviter tout abus, de mieux préciser la portée de la loi. C'est ainsi qu'à l'avenir le droit au dégrèvement des petites cotes foncières ne sera plus reconnu qu'aux seuls propriétaires qui exploitent pour leur compte et qui n'ont pas d'autres ressources que celles qu'ils tirent de leur exploitation. Les dégrèvements seront d'ailleurs limités aux revenus fonciers ne dépassant pas 500 francs ; ils seront des 3/5 de la cotisation pour les revenus de 300 francs et au-dessous, des 2/5 pour les revenus compris entre 301 francs et 400 francs, et enfin, du 1/5 seulement pour les revenus compris entre 401 et 500 francs.

Il s'agit ici, bien entendu, des revenus imposables qui, ainsi qu'on l'a vue ci-dessus ne représentent eux-mêmes que les 4/5 de la valeur locative réelle. Le dégrèvement des petites cotes foncières pourra donc s'appliquer en réalité à toutes les propriétés dont la valeur locative ne dépassera pas 625 francs.

3ᵉ CATÉGORIE

Revenus des capitaux mobiliers

L'article 19 pose le principe de l'exigibilité de l'impôt sur tous les revenus mobiliers et en donne l'énumération.

Il met fin au régime disparate grâce auquel les inégalités de traitement les plus choquantes se sont maintenues jusqu'ici entre valeurs mobilières françaises et valeurs étrangères, entre valeurs étrangères abonnées ou non abonnées, entre fonds publics émis ou garantis par l'Etat, et obligations ou actions de sociétés. Il établit l'équivalence, au point de vue de l'imposition des revenus, entre tous les capitaux mobiliers de quelque nature qu'ils soient, y compris les créances hypothécaires, privilégiées ou chirographaires, les dépôts, les cautionnements en numéraire.

En ce qui concerne les rentes, obligations, effets publics émis par l'Etat français, il spécifie, en vue de préciser plus nettement le caractère de l'impôt, qu'il ne sera pas prélevé directement par voie de retenue sur le coupon et il laisse à un règlement d'Administration publique le soin de déterminer les conditions suivant lesquelles seront taxés les particuliers dont la fortune est constituée en revenus de cette nature.

L'article 21, précisant et accentuant l'assimilation établie par l'article 19, fixe à l'impôt une seule et même assiette : « le montant brut des intérêts, dividendes, arrérages ». Il crée également un fait générateur et un mode de perception unique pour tous les revenus de cette catégorie, en spécifiant que le payement de l'impôt se fait par voie de prélèvement au moment même du versement par le débiteur, entre les mains du créancier, des intérêts, arrérages et autres produits, sauf en ce qui concerne les revenus provenant des titres de rentes et effets publics de l'Etat français.

L'article 20 limite la portée très générale de l'article précédent et déterminent les valeurs qui, pour des raisons toutes spéciales, restent en dehors de son champ d'application. Tels sont les livrets de Caisses d'épargne, qui constituent moins une source de revenus qu'un mode de formation des petits capitaux, et les prêts du Crédit foncier, en contrevaleur et en représentation desquels ont été créés des obligations déjà soumises à l'impôt général sur les revenus.

Les articles suivants passent successivement en revue les conditions d'application de l'impôt, spéciales à chaque catégorie différentes de revenus mobiliers.

En ce qui concerne les valeurs mobilières françaises, autres que les fonds d'Etat, il résulte de l'article 22 qu'elles sont soumises sans modification aucune, à la législation actuellement en vigueur relative à l'impôt sur le revenu. Les sociétés, compagnies, villes, départements, établissements, débiteurs quelconques restent chargés de faire au Trésor l'avance de l'impôt, et les intérêts, arrérages, dividendes, produits de toute nature continuent à être payés pour le net, par tous les banquiers et intermédiaires quelconques, dans les mêmes conditions qu'aujourd'hui.

Il n'est également apporté aucune modification à la législation relative aux sociétés qui ne distribuent pas de bénéfice, et aux congrégations ou associations religieuses, telle qu'elle a été organisée par les lois des 28 décembre 1880 et 29 décembre 1884.

En ce qui concerne les créances, les dépôts, les cautionnements et d'une façon générale tous les placements de fonds autres qu'en valeurs proprement dites, l'impôt est perçu conformément aux règles générales posées par l'article 22, c'est-à-dire au moment du payement des intérêts. Mais il ne pouvait être question de transformer les débiteurs, qui peuvent être de simples particuliers, et dont le nombre est considérable, en autant de collecteurs d'impôts chargés de reverser aux caisses publiques le montant des sommes retenues par eux au moment du payement de leurs intérêts. Aussi, tant pour sauvegarder les droits du Trésor que pour faciliter aux particuliers l'accomplissement des obligations que leur impose la loi, l'article 23 décide-t-il que l'impôt devra être acquitté, comme en matière de timbre de quittance, au moyen de l'apposition, sur la quittance même des intérêts, d'un ou plusieurs timbres mobiles spéciaux, pour une valeur correspondant à l'impôt exigible. L'impôt est à la charge du créancier, nonobstant toute stipulation contraire.

En cas de non opposition de timbres, ou d'une opposition insuffisante, le créancier et le débiteur sont chacun frappés d'une amende fixe de 50 francs ; il était en effet nécessaire, pour la garantie des droits du Trésor, d'intéresser à la fois le débiteur et le créancier au payement régulier de la taxe ; mais le créancier étant en réalité seul redevable de l'impôt, c'est à lui seul que l'article 23 inflige, en outre, une pénalité du quintuple des droits fraudés.

Les articles 4 et suivants organisent le régime auquel sont soumis les revenus de valeurs étrangères ; ce régime est le même, qu'il s'agisse de titres émis par les sociétés et collectivités quelconques, ou de titres émis par les Gouvernements. L'impôt sur le revenu des valeurs mobilières étrangères est en effet, dans la législation actuelle, étroitement lié au régime de l'abonnement institué par les lois des 23 juin 1857, 29 juin 1872, 13 avril 1898, etc., et qui astreint les sociétés à l'obligation de désigner un représentant responsable des taxes, obligation qu'il ne pouvait être question d'imposer aux gouvernements étrangers. Mais, le deuxième alinéa de l'article 22 ayant abrogé toutes les dispositions de ces lois qui sont relatives aux valeurs étrangères, et supprimé par là-même le régime de l'abonnement, aucune raison ne s'opposait plus à l'assimilation des fonds d'Etat étrangers aux autres valeurs étrangères. Les uns et les autres, pourvu qu'ils soient dûment timbrés comme il est dit à l'article 76, circuleront librement en France, et c'est la personne quelle qu'elle soit, à qui les coupons sont présentés pour encaissement, qui sera chargée de retenir l'impôt, au moment du payement des intérêts, dividendes, ou arrérages, et en deviendra comptable au regard du Trésor.

C'est donc sur cette personne (banquier, changeur, receveur de rentes, officier ministériel, etc.) que devra se porter et se concentrer, le droit de surveillance et de contrôle de l'Etat.

Il a paru indispensable, pour que ce droit ne reste pas illusoire, et qu'il puisse s'exercer efficacement, de transformer en assujettis tous les professionnels qui achètent et revendent des coupons de valeurs.

L'article 25 les astreint à une déclaration préalable, sans laquelle il leur est rigoureusement interdit de se prêter au commerce des coupons. Il ne faudrait certes pas voir là une mesure de défaveur à l'égard de certaines professions ; ce n'est que la conséquence logique et nécessaire de la réforme, par ailleurs si libérale, du régime actuel des valeurs mobilières, et l'application d'un principe élémentaire de surveillance dont notre législation fiscale offre déjà de nombreux exemples, notamment en ce qui concerne l'impôt sur les opérations de bourse.

Une fois le nombre des banquiers, changeurs et autres

4

intermédiaires, connu et limité, il fallait lsur imposer certaines règles très simples, mais très précises de comptabilité destinés à faciliter le contrôle : les articles 26 à 28 prévoient à cet effet la rédaction obligatoire d'un bordereau sommaire à l'appui de chaque payement ou de chaque transmission de coupons, et la tenue d'un journal d'entrée et de sortie des bordereaux.

L'établissement d'un bordereau par les particuliers, lors de la présentation de leurs coupons à l'encaissement, ne constitue d'ailleurs pas une innovation, un certain nombre d'établissements ne payant déjà actuellement les coupons que sur bordereaux dressés par leurs soins ou par les soins des particuliers. Ces bordereaux porteront la date de payement, le nom du banquier payeur, les sommes nettes payées, le montant de l'impôt prélevé. Ils seront conservés pendant deux ans par les banquiers, et laissés à la disposition des agents de vérifications. Un double devra en être remis à ceux des particuliers qui en feront la demande afin de conserver par devers eux, et de pouvoir fournir au besoin la preuve que les coupons leur appartenant ont bien supporté la taxe.

Le journal d'enregistrement des coupons payés devra être double : sur l'un, l'assujetti inscrira journellement tous les coupons qu'il a payés à des *particuliers*; on y reproduira sommairement les mentions qui figurent aux bordereaux sans donner, bien entendu, le détail des coupons par numéro ; chaque mois, il sera représenté au receveur de l'Enregistrement, qui le visera, le vérifiera et encaissera l'impôt. Sur un second livre, on enregistrera, également par bordereau d'envoi, les coupons remis non plus par des particuliers. mais par les *banquiers* correspondants, coupons sur lesquels l'impôt a été prélevé lors du premier payement et qui peuvent ultérieurement remonter d'intermédiaire, en intermédiaire, libéré de toute taxe, mais non affranchis de surveillance, jusqu'à leur sortie du territoire ou leur arrivée à la Banque centrale chargée du service financier.

Cette dualité du registre a paru *indispensable* pour éviter qu'un banquier ne fît passer comme remis par un autre banquier et par conséquent comme libérés, des coupons qu'il aurait en fait payés à des particuliers, et sur lesquels il devrait la taxe.

Enfin, comme les obligations ainsi imposées aux banquiers et autres intermédiaires, peuvent leur occasionner des suppléments de dépenses, il a paru équitable de les indemniser de leurs frais en leur allouant une remise pouvant aller jusqu'à 1 % des sommes perçues.

Toutes les dispositions qui précédent se rapportent exclusivement au cas ou des coupons de valeurs étrangères sont présentés à l'encaissement en France.

Mais il reste à envisager l'hypothèse où un particulier encaisse ou fait encaisser ses coupons à l'Etranger, soit parce qu'il y a laissé en dépôt tout ou partie de sa fortune pour des raisons qui peuvent être parfaitement légitimes et qu'il n'appartient d'ailleurs pas à l'Administration d'apprécier, soit parce que les intérêts ou dividendes en question ne peuvent être touchés que dans certaines banques étrangères.

A tous ces particuliers qui échappent au réseau de surveillance organisé par les seules banques françaises, l'article 29 impose simplement l'obligation de déclarer le montant total, par *nature de placement,* des revenus ainsi touchés directement à l'étranger dans le courant de l'année précédente. Si le contribuable est imposable à l'impôt complémentaire, il peut, afin d'éviter des formalités multiples, souscrire cette déclaration spéciale à la suite de la déclaration relative à l'impôt complémentaire ; les droits devront être payés à la caisse du receveur d'enregistrement.

Lorsque la preuve parviendra à l'Administration que certains revenus de valeurs étrangères ont été encaissés à l'étranger, sans que la déclaration correspondante ait été souscrite en France, et les droits régulièrement acquittés, l'amende sera de la moitié du revenu ainsi soustrait au fisc, augmentée du triple des droits fraudés pour chacune des années pendant lesquelles la fraude s'est exercée, avec maximum de 10 ans.

L'article 30 prévoit les pénalités relatives aux contraventions relevées à la charge des banquiers et autres intermédiaires. Le respect des prescriptions édictées par les articles 26 à 28 étant la seule garantie du Trésor, il a paru nécessaire de les renforcer par des pénalités, variables suivant la gravité de l'infraction, mais pouvant aller jusqu'à 10,000 francs. En cas de paiement de coupon sans déclaration préalable, ou de payement sans retenue de l'impôt et sans versement correspondant à la caisse du Trésor, le contrevenant sera traduit devant le tribunal correctionnel.

Dans tous les autres cas, aux termes mêmes de l'article 31, les instances seront introduites et jugées comme en matière d'enregistrement et la prescription en faveur comme à l'encontre du Trésor, sera celle de cinq ans, déjà applicable actuellement en matière de valeurs mobilières.

4ᵉ CATÉGORIE

*Bénéfices du Commerce, de l'Industrie
et des charges et offices*

L'article 32 du projet dispose que le revenu imposable à
l'égard des exploitations industrielles et commerciales ainsi
que des charges et offices, est constitué par l'excédent des
recettes brutes réalisées pendant l'année précédente sur les
dépenses inhérentes à l'exercice de la profession.

A cette définition générale, qui suffit à poser nettement
les règles essentielles de la détermination des revenus imposables, le règlement d'administration publique prévu par
l'article 88 ajoutera d'ailleurs quelques commentaires pratiques qui faciliteront l'application du principe. L'évaluation
des revenus professionnels n'en restera pas moins une opération délicate que nous nous sommes efforcés d'entourer
de toutes les garanties nécessaires.

Aux termes de l'article 34, cette évaluation sera effectuée
annuellement par le contrôleur des contributions directes
assisté, dans chaque commune, d'une commission spéciale.
Cette commission sera composée du maire, du percepteur et
de quatre anciens commerçants, industriels ou titulaires de
charges et offices désignés par le préfet sur la proposition du
conseil municipal. A défaut d'anciens assujettis, la commission sera complétée par d'autres personnes compétentes,
mais le projet en exclut les individus soumis eux-mêmes à
l'impôt, afin d'éviter dans la taxation, les conséquences des
entraînements auxquels pourraient conduire l'intérêt personnel ou l'esprit de concurrence.

Le contrôleur et la commission auront tout d'abord à
mettre en œuvre, pour apprécier les revenus imposables, les
éléments d'information qui pourront être tirés des conditions
apparentes du fonctionnement de chaque établissement. A
ces éléments d'information s'ajouteront les renseignements
puisés dans les actes de cession de fonds de commerce et
les déclarations de succession, les indications relevées dans
les gares de chemin de fer en ce qui concerne les marchan-
dises expédiées ou reçues, les constatations effectuées par
l'Administration des contributions indirectes à l'égard des
professions soumises à son contrôle, les renseignements que
possède la Chancellerie au sujet des charges et offices, etc.

Malgré leur importance et leur variété, ces données seront
sans doute quelquefois insuffisantes et il faudra les compléter
pour permettre aux commissions de s'acquitter convenablement de leur mission. C'est en prévision de cette nécessité

que l'article 35 oblige les imposables, lorsqu'ils en sont requis par un avis spécial du contrôleur des contributions directes, à fournir par écrit tous les renseignements de nature à faire connaître les conditions matérielles dans lesquelles s'exerce leur profession. De même, l'article 36 autorise le contrôleur et la commission à visiter, pendant les heures de travail, les locaux et emplacements professionnels.

Il va sans dire que les renseignements visés par l'article 35 concernent uniquement, comme le dit le texte, les *conditions matérielles* de l'exercice de la profession, c'est-à-dire les éléments de productivité, tels que le nombre des ouvriers, des machines, l'importance des locaux et autres indications analogues qui peuvent être fournies sans violer le secret des affaires.

Tel est le système auquel nous nous sommes arrêtés pour la détermination des revenus professionnels. Les articles 37 et 38 le complètent en prescrivant et en organisant la communication des évaluations provisoires aux intéressés. Ceux-ci auront le droit de présenter des observations et d'être entendus personnellement par la Commission à laquelle ils pourront fournir toutes les justifications qu'ils jugeront utiles à la défense de leurs intérêts. Il s'instituera ainsi, entre l'Administration et le contribuable, une sorte de débat amiable qui aboutira, dans la plupart des cas, à un accord sur des bases équitables de taxation.

Que si, néanmoins, cet accord ne se produit pas, le contribuable conservera, bien entendu, le droit de réclamer, par la voie contentieuse, après l'émission du rôle, mais il devra alors soumettre au juge tous les documents de nature à justifier ses prétentions.

Il était, enfin, nécessaire d'édicter des sanctions efficaces, en vue d'assurer le jeu régulier des prescriptions contenues dans les articles 35 et 36. L'article 39 y pourvoit en disposant que tout assujetti qui s'est abstenu de fournir les renseignements demandés, ou qui a fourni sciemment des indications inexactes, ou qui s'est opposé à l'exercice du droit de visite, doit, s'il réclame ultérieurement contre la cotisation qui lui a été assignée, supporter en tout état de cause la totalité des frais de l'instance. Une telle sanction ne saurait paraître exagérée et nombre de législations étrangères n'hésitent pas. dans les cas de l'espèce, à priver le contribuable de tout droit de réclamation.

5ᵉ CATÉGORIE

Bénéfices de l'exploitation agricole

Théoriquement, les bénéfices de l'exploitation agricole sont, comme les autres revenus professionnels, constitués par l'excédent des recettes brutes réalisées sur les dépenses inhérentes à l'exercice de la profession. Mais, dans le cas particulier, l'application stricte de cette conception théorique eût présenté des difficultés insurmontables. Il était d'ailleurs inutile de s'exposer à ces difficultés puisqu'on s'accorde à reconnaître que les bénéfices agricoles sont en relation étroite et suffisamment constante avec la rente du sol ou prix de fermage ; les économistes admettent, en effet, que, d'une manière générale, le produit net total d'un bien foncier se divise en deux parts égales dont l'une va au propriétaire, à titre de rente du sol, et l'autre à l'exploitant à titre de bénéfice d'exploitation.

Ce sont ces données que l'article 40 met en œuvre en disposant que le bénéfice provenant de l'exploitation agricole d'une propriété sera considéré comme égal au revenu net imposable assigné à cette propriété au titre de la 2ᵉ catégorie (revenu foncier).

L'article 41 règle le lieu de l'imposition et prévoit que chaque exploitant ne sera taxé que pour la portion de son bénéfice excédant 1.250 francs. Or, nous avons vu que le bénéfice d'exploitation était considéré comme égal au revenu net foncier et que ce dernier représentait les 4/5ᵉˢ de la valeur locative ou prix de fermage. Il suit de là que toute exploitation dont la valeur locative sera égale ou inférieure à 1.562 fr. 50 échappera à l'impôt sur les bénéfices agricoles. De ce chef, 230,000 chefs d'exploitation seulement figureront dans les rôles sur les 5,700,000 environ qui cultivent le sol français.

Il ne faut pas oublier, d'ailleurs, que la déduction de 1.250 francs sera générale et que, du fait de cette déduction uniforme, les 230,000 cultivateurs imposés bénéficieront d'atténuations d'autant plus fortes qu'ils seront plus voisins de la limite d'exemption ; c'est ce que fait ressortir le tableau page suivante :

On voit, en résumé, que le nouvel impôt, qui épargnera totalement la petite culture, et qui ne touchera que légèrement la moyenne, restera très modéré pour les grandes exploitations, puisque le taux plein de 3,50 p. 100 ne sera jamais atteint.

L'article 42 clôt la série des dispositions spéciales relatives

BÉNÉFICE NET TOTAL	PORTION IMPOSABLE APRÈS DÉDUCTION de 1.250 fr.	MONTANT DE L'IMPÔT AU TAUX de 3.50 p. 100	TAUX RÉEL de L'IMPÔT PAR RAPPORT au bénéfice total
francs	francs	fr. c.	p. 100
1.300	50	1 75	0 13
1.500	250	8 75	0 58
2.000	750	26 75	1 34
3.000	1.750	61 25	2 04
5.000	3.750	131 25	2 63
10.000	8.750	306 25	3 06

à l'impôt sur les bénéfices agricoles en réglant le mode d'imposition des terres exploitées à portion de fruits par les colons ou métayers.

Dans ce système, le propriétaire et l'exploitant sont associés et se partagent les bénéfices dans des proportions variables suivant les régions et suivant les contrats particuliers.

Pour ne pas compliquer inutilement l'assiette de la taxe, il a paru que le procédé le plus simple consistait à ouvrir dans le rôle un article collectif au nom du propriétaire et de l'exploitant et à laisser ensuite aux deux intéressés le soin de répartir l'impôt entre eux suivant la proportion résultant de leurs conventions particulières.

6ᵉ CATÉGORIE

Traitements, salaires, pensions et rentes viagères

L'impôt sur les traitements, salaires, pensions et rentes viagères, portera sur les revenus de cette nature réalisés au cours de l'année précédente.

On ne fera entrer en ligne de compte, pour le calcul des

taxes, que le montant net réel des traitements, salaires, etc., augmenté, le cas échéants, des primes, émoluments, gratifications et avantages accessoires payés soit en argent, soit en nature, mais sous déduction des indemnités allouées pour dépenses de service.

Conformément aux principes du droit international, les traitements des Ambassadeurs, Consuls et autres agents diplomatiques ou consulaires seront exemptés de l'impôt, à charge de réciprocité par les nations étrangères en ce qui concerne nos représentants.

Enfin, les traitements, salaires, pensions et rentes viagères ne seront assujettis à l'impôt que sur la portion de leur montant annuel dépassant, savoir :

1° Pour les pensions et rentes viagères, la somme de 1,250 francs ;

2° Pour les traitements et salaires, la somme de :

1,250 francs si le contribuable a son domicile dans une commune de 3,000 habitants et au-dessous ;

1,500 francs dans une commune de 3,001 à 10,000 habitants ;

1,750 francs, dans une commune de 10,001 à 50,000 habitants ;

2,000 francs dans une commune de 50,001 habitants et au-dessus ;

2,500 francs, à Paris.

La déduction d'un minimum d'exemption variable avec la population de la commune où l'imposable a son domicile se justifie par cette considération que le prix de la vie est plus élevé dans les grandes villes que dans les petites localités.

Nous avons cru, toutefois, devoir limiter ce système aux seuls traitements et salaires à l'exception des pensions et rentes viagères pour lesquelles nous avons prévu un minimum uniforme. Le salarié, en effet, n'est pas absolument libre de choisir sa résidence, et il est tenu, à cet égard, par la nécessité de trouver du travail, tandis que le pensionné, au contraire, peut toujours se fixer dans une localité où il rencontrera des conditions d'existence en rapport avec ses ressources.

La déduction d'un minimum d'exemption produira, tant au point de vue du nombre des imposables qu'à celui de la dégression du taux de l'impôt, des effets analogues à ceux que nous avons déjà relatés en ce qui concerne les bénéfices de l'exploitation agricole. Le tableau de la page suivante montre comment seront taxés, à Paris, un certain nombre de revenus de la catégorie pris pour type.

REVENU NET TOTAL	PORTION IMPOSABLE APRÈS DÉDUCTION de 2.500 francs	MONTANT DE L'IMPÔT AU TAUX 3 p. 100	TAUX RÉEL de L'IMPÔT PAR RAPPORT au revenu total
3.000	500	15	0.50 p. %
4.000	1.500	45	1.12 —
5.000	2.500	75	1.50 —
8.000	5.500	165	2.06 —
10.000	7.500	225	2.25 —
20.000	17.500	525	2.62 —

Un point qu'il nous paraît intéressant de mettre en lumière c'est que, dans le système du projet, la déduction du minimum sera accordée non par chef de famille, mais par individu. Il en résulte que, dans une famille comptant plusieurs salariés, chaque salaire sera envisagé isolément pour l'application de la déduction ; un tel résultat apparaîtra évidemment comme très favorable aux familles ouvrières.

Les dispositions qui viennent d'être analysées sont contenues dans les articles 43 à 46 ; les articles 47 à 50 organisent les moyens pratiques nécessaires pour l'application de ces dispositions.

Il nous a semblé que le meilleur procédé pour arriver à connaître, aussi exactement que possible, le montant des traitements, salaires, pensions et rentes viagères soumis à l'impôt, était d'en demander la déclaration, non à ceux qui les reçoivent mais à ceux qui les payent.

Dans ce but, les articles 47 et 48 imposent à tout individu, société ou association occupant des employés ou payant des pensions et rentes viagères, l'obligation de fournir les renseignements nécessaires à l'assiette de l'impôt, sous menace de la sanction prévue par l'article 50 et consistant en une amende de 5 francs par indication omise ou inexactement donnée.

5

On remarquera que l'obligation légale de déclarer les
traitements, salaires, etc., ne s'applique qu'aux particuliers,
à l'exclusion des Administrations publiques. Pour celles-ci,
en effet, il n'est pas besoin de légiférer et de simples
dispositions réglementaires suffisent.

Il ne nous paraît pas douteux, en résumé, dans les conditions qui viennent d'être indiquées, qu'on arrivera aisément
à une taxation satisfaisante des revenus de la 6ᵉ catégorie.

7ᵉ CATÉGORIE

Bénéfices des professions libérales
et de toutes occupations lucratives non comprises
dans les précédentes catégories

Au point de vue de la taxation, et notamment des déductions à la base, l'assiette de l'impôt sur les revenus de la
7ᵉ catégorie sera effectuée d'après les mêmes règles que
l'impôt sur les traitements et salaires. C'est ce qui résulte
des articles 51 et 52.

Mais l'analogie s'arrête là, et nous avons dû, en ce qui
concerne la constatation des revenus imposables, adopter
un système tout différent. En cette matière, où les ressources
des contribuables sont si variables et si difficiles à apprécier,
il nous a paru qu'on ne pouvait se dispenser de demander la
déclaration des intéressés eux-mêmes.

Aussi l'article 53 oblige-t-il toute personne jouissant de
revenus imposables au titre de la 7ᵉ catégorie à remettre,
chaque année une déclaration de ces revenus accompagnée
de toutes les justifications nécessaires pour en établir
l'exactitude.

Il appartiendra au règlement d'administration publique
dont il a déjà été question d'énumérer limitativement les
justifications dont il s'agit en tenant compte des conditions
spéciales de chaque profession ou occupation.

Le système de la déclaration entraîne nécessairement des
sanctions pour les cas d'omission ou d'inexactitude.

L'article 54 édicte ces sanctions qui consisteront à frapper
de la triple taxe la portion des revenus dissimulée et à taxer
d'office les contribuables qui n'auront pas fait de déclaration.
En outre, comme les omissions ou inexactitudes peuvent
rester un certain temps sans être découvertes, il est prévu,
en faveur du Trésor, un droit de répétition qui restera
ouvert pendant cinq années.

Les sanctions de l'article 54 sont complétées par l'article 55 qui autorise l'émission de rôles supplémentaires dans les cas d'omission ou d'inexactitude. Ces sanctions pourront paraître sévères. On ne saurait cependant les taxer d'exagération si l'on veut bien considérer qu'en une matière aussi délicate il est absolument indispensable de déjouer et surtout de prévenir les tentatives de fraude.

Telle est dans ses détails l'organisation de l'impôt sur les revenus par catégories, impôt qui doit servir de base et de soutien à l'impôt complémentaire dont nous allons maintenant aborder l'examen.

TITRE II

De l'Impôt complémentaire sur l'ensemble des revenus

I. *Des personnes imposables.* — Aux termes de l'article 56, l'impôt complémentaire est dû par toute personne résidant en France.

Aucune distinction n'est faite entre les contribuables à raison de leur nationalité. Les Français et les Etrangers, lorsqu'ils résident en France, sont, les uns et les autres, imposables pour la totalité de leur revenu.

Le même article dispose que l'impôt complémentaire est établi dans la commune où le contribuable a son domicile réel.

C'est, en effet, au lieu du principal établissement que la situation d'ensemble de l'assujetti peut être le mieux connue et le plus facilement appréciée : c'est là aussi que viendront naturellement converger tous les renseignements utiles à l'assiette régulière de l'impôt.

Nous avons dit, à propos de l'impôt général sur les revenus par catégories, que les déductions à la base seraient appliquées par individu. La même règle ne saurait être suivie en matière d'impôt personnel comportant de larges exemptions et atténuations en faveur des revenus inférieurs ; ce serait en effet assurer une situation trop privilégiée à ceux qui bénéficient des avantages de la vie en commun.

Aussi, l'article 57 déclare-t-il que chaque chef de famille est imposable tant en raison de ses revenus personnels que de ceux de sa femme et des autres membres de la famille qui habitent avec lui.

Le même article ajoute, toutefois, que l'imposition est établie distinctement : 1° pour les femmes séparées de biens qui ne vivent pas avec leurs maris ; 2° pour les enfants et les autres membres de la famille qui tirent de leur propre travail ou possèdent personnellement un revenu indépendant de celui du chef de famille.

Le principe de la totalisation des revenus par unité familiale ne peut en effet recevoir son application que lorsqu'il répond à la réalité, c'est-à-dire lorsque les revenus totalisés sont tous à la disposition du chef de famille ; dans le cas contraire, il faut évidemment revenir à la règle de l'imposition individuelle.

L'article 58 affranchit de l'impôt complémentaire les personnes dont le revenu imposable n'excède pas 5.000 francs et les ambassadeurs, consuls et autres agents diplomatiques et consulaires étrangers.

L'exemption des ambassadeurs, consuls et autres agents diplomatiques et consulaires se justifie, ainsi que nous l'avons déjà fait remarquer à propos de l'impôt général sur les revenus, par des considérations de droit international.

Quant à l'immunité accordée aux personnes dont le revenu total ne dépasse pas 5.000 francs elle ne saurait, nous semble-t-il soulever aucune objection. L'impôt complémentaire, en effet, ne vise pas à être un impôt général ; c'est une taxe de rectification et de redressement destinée à prélever sur la richesse et l'aisance un équitable supplément de contributions aux charges publiques. Il est donc nécessaire que la limite d'exemption soit assez élevée pour que l'impôt n'atteigne que ceux qui peuvent supporter ce supplément de charge.

II. *Du revenu imposable.* — D'après l'article 59, le revenu imposable est constitué par la totalisation des revenus taxés dans chaque catégorie de l'impôt général.

Il était inutile en effet de donner à nouveau une définition détaillée des divers éléments composant le revenu imposable puisque cette définition figure, pour chaque source de revenus, dans les dispositions relatives à l'impôt général.

On doit observer toutefois que la totalisation pure et simple des bases de ce dernier impôt ne suffit pas pour faire apparaître dans tous les cas, l'ensemble du revenu de chaque contribuable. Il faut y ajouter en outre, et c'est ce que prescrit la dernière partie de l'article 59, le montant des revenus exemptés, au titre des diverses catégories, comme n'atteignant pas le minimum imposable et les revenus taxés à la redevance proportionnelle des mines, qui, ainsi que nous le verrons plus loin, continuera à être établie dans les conditions actuelles sans se confondre avec l'impôt sur les revenus.

III. *Du taux de l'impôt.* — L'article 60 répartit les revenus imposables en un certain nombre de classes et fixe pour chacune d'elles le montant de l'impôt.

Le tableau ci-après reproduit le tarif du projet avec, en plus, l'indication du taux réel de l'impôt par rapport au revenu moyen de chaque classe.

IV. *De l'assiette de l'impôt.* — L'impôt complémentaire sera établi, en principe, au moyen des éléments d'imposition réunis dans les différentes catégories et coordonnés par l'Administration et accessoirement d'après certains renseignements demandés aux particuliers de façon à éviter au contribuable toutes les formalités inutiles et gênantes, et à réduire au minimum son intervention personnelle. Nous nous sommes surtout efforcés d'éviter d'avoir recours à une déclaration générale des revenus, que le contribuable français aura toujours quelque répugnance à produire.

C'est en s'inspirant de ces considérations que les articles 61 à 64 déterminent les obligations imposées aux assujettis.

Les déclarations seront provoquées par le contrôleur des Contributions directes au moyen d'avis spéciaux adressés à chaque personne considérée comme pouvant être passible de l'impôt complémentaire. En réponse à ces avis, les contribuables devront soit déclarer leur revenu, soit certifier que ce revenu est inférieur au minimum exempté. Les déclarants engageront ainsi leur responsabilité d'une manière directe et absolue, et ils ne pourront pas exciper de l'ignorance ou d'un oubli involontaire s'ils se trouvent, par la suite, dans le cas de se voir appliquer les sanctions dont nous parlerons plus loin.

En ce qui touche les revenus autres que ceux des capitaux mobiliers, c'est-à-dire les revenus de six catégories sur les sept que nous avons envisagées, on se bornera à mentionner, dans les déclarations, les noms des communes où les impositions sont établies. L'Administration fera ensuite le nécessaire pour rechercher, dans les rôles, le montant de ces revenus et pour en effectuer la totalisation.

C'est seulement à l'égard des revenus des capitaux mobiliers, pour lesquels il ne sera pas établi de rôles nominatifs, qu'il y aura lieu de produire une déclaration.

Ce que nous nous proposons d'atteindre par l'impôt complémentaire, c'est le revenu réel et net. Les assujettis pourront donc déduire de leur revenu brut le montant de l'intérêt

CLASSE DE REVENUS	REVENU MOYEN de CHAQUE CLASSE	MONTANT DE L'IMPOT	TAUX RÉEL DE L'IMPOT par rapport au revenu moyen de chaque classe
	francs	francs	p. 100
5.000 à 5.500 francs.	5.250	10	0.19
5.501 à 6.000 —	5.750	15	0.26
6.001 à 6.500 —	6.250	22	0.35
6.501 à 7.000 —	6.750	30	0.44
7.001 à 7.500 —	7.250	40	0.55
7.501 à 8.000 —	7.750	50	0.65
8.001 à 8.500 —	8.250	60	0.73
8.501 à 9.000 —	8.750	75	0.86
9.001 à 9.500 —	9.250	90	0.97
9.501 à 10.000 —	9.750	110	1.13
10.001 à 11.000 —	10.500	130	1.24
11.001 à 12.000 —	11.500	150	1.31
12.001 à 13.000 —	12.500	180	1.44
13.001 à 14.000 —	13.500	210	1.56
14.001 à 15.000 —	14.500	240	1.66
15.001 à 16.000 —	15.500	275	1.77
16.001 à 18.000 —	17.000	325	1.91
18.001 à 20.000 —	19.000	380	2.00
20.001 à 22.000 —	21.000	440	2.10
22.001 à 24.000 —	23.000	515	2.24
24.001 à 27.000 —	25.500	610	2.40
27.001 à 30.000 —	28.500	725	2.55
30.001 à 33.000 —	31.500	850	2.70
33.001 à 36.000 —	34.500	980	2.84
36.001 à 39.000 —	37.500	1.130	3.01
39.001 à 42.000 —	40.500	1.260	3.11
42.001 à 46.000 —	44.000	1.420	3.22
46.001 à 50.000 —	48.000	1.600	3.34
50.001 à 55.000 —	52.500	1.800	3.43
55.001 à 60.000 —	57.500	2.000	3.48
60.001 à 70.000 —	65.000	2.000	3.54
70.001 à 80.000 —	75.000	2.300	3.60
80.001 à 90.000 —	85.000	2.700	3.71
90.001 à 100.000 —	95.000	3.150	3.74
Au-dessus de 100.000 —	»	3.550	4.00
		4 p. 0/0 sur le revenu total	

des emprunts à leur charge, sous réserve, bien entendu de fournir à cet égard les justifications indispensables.

Au surplus, les formules de déclaration qui seront adressées aux intéressés contiendront, sur ces divers points, des renseignements précis et complets de nature à prévenir toute erreur. On conçoit que des détails de cet ordre ne puissent prendre place dans un texte législatif. Aussi avons-nous renvoyé à un règlement d'administration publique l'établissement de la formule de déclaration. Suivant nous, d'ailleurs, cette formule devra être combinée de façon à pouvoir servir à la fois dans tous les cas où les contribuables sont tenus à des déclarations, aussi bien pour l'assiette de l'impôt complémentaire que pour celle de l'impôt général. On facilitera ainsi, dans une large mesure, le jeu du système en réduisant au minimum les démarches et les formalités exigées des redevables.

L'article 65 organise le contrôle des déclarations. Ce contrôle sera exercé par une commission cantonale composée du Juge de paix, du Contrôleur des Contributions directes, du Receveur de l'enregistrement et du Percepteur. La commission aura le droit d'inviter les contribuables à se présenter devant elle et de leur déférer le serment ; mais elle ne pourra rehausser le revenu déclaré que si elle est en mesure de prouver, par des moyens légaux, l'inexactitude de la déclaration.

Le rôle de la commission cantonale se trouve ainsi bien délimité. Ce n'est pas une commission d'évaluation, c'est un simple organe de contrôle. Tel est le motif pour lequel nous avons jugé inutile d'y comprendre un représentant des corps élus et préférable de la composer uniquement de fonctionnaires que leurs occupations habituelles rendent particulièrement aptes à l'accomplissement de la mission qu'ils auront à remplir.

La partie du projet relative à l'assiette de l'impôt complémentaire se termine par une série de dispositions édictant les pénalités indispensables pour assurer la régularité et la sincérité des déclarations.

L'article 67 dispose que tout contribuable qui s'est abstenu de répondre à l'invitation de déclarer son revenu ou qui, dûment convoqué, ne s'est pas présenté devant la commission sans avoir d'excuse valable est taxé d'office, et qu'il ne peut ensuite obtenir décharge ou réduction de sa cotisation qu'en justifiant du chiffre de son revenu, les frais de l'instance demeurant d'ailleurs à sa charge en tout état de cause.

L'article 68 prévoit qu'en cas de déclaration reconnue

5

inexacte, le contrevenant est frappé d'une amende égale à la moitié du revenu dissimulé.

Enfin, pour permettre de punir les fraudes qui n'auraient pu être immédiatement découvertes, l'article 69 accorde au Trésor le droit de répéter, pendant un délai de dix années, le montant des droits légitimement dus, avec application de la triple taxe à titre de pénalité.

Nous ne pouvons que répéter ici ce que nous avons déjà dit à l'occasion de l'impôt général, et, quelques sévères que puissent paraître les sanctions édictées par le projet, elles sont, à nos yeux, indispensables pour assurer le fonctionnement régulier du nouvel organisme fiscal.

V. *Des rôles et réclamations.* — Les articles 70 et 71 ont pour objet de rendre applicables aux rôles de l'impôt complémentaire et aux réclamations relatives au même impôt les règles usitées en matière de contributions directes.

Ces dispositions ne paraissent comporter aucune explication spéciale.

TITRE III

Dispositions diverses

Le titre III traite d'un certain nombre de dispositions qu'il a paru indispensable de prendre, en vue de renforcer le cadre d'un système d'impôts aussi compréhensif que celui nous venons d'exposer, et pour le mettre en harmonie avec l'ensemble de notre législation fiscale.

C'est ainsi que nous avons été amenés, à l'occasion des réfc mes proposées, et pour en accentuer la portée, à modifier l'assiette des droits de transmission et des droits de timbre qui pèsent sur les valeurs mobilières, et a étendre sur certains points les pouvoirs de l'Administration en ce qui concerne la surveillance des établissements de crédit ou des maisons de banque.

Les articles 72 à 74 suppriment les taxes annuelles d'abonnement qui frappent aujourd'hui les valeurs mobilières françaises : droit de timbre de 0 fr. 06 % sur la valeur nominale de tous les titres tant nominatifs qu'au porteur — droit de transmission de 0 fr. 20 % sur la valeur réelle des titres au porteur. Ils ne maintiennent que le droit au comptant de 0 fr. 50 % sur le transfert des titres nominatifs.

En remplacement de ces droits et taxes, ils créent un

droit de 2 °/₀ sur le revenu des titres tant nominatifs qu'au porteur, destinés à tenir lieu des droits de timbre, et un droit de 5 °/₀ sur le revenu des seuls titres au porteur, destiné à tenir lieu des droits de transmission.

On arrive ainsi, pour tous les droits annuels qui frappent à différents titres les valeurs françaises à un ensemble plus logique, plus équitable et plus simple, puisqu'on substitue une seule et même assiette, le revenu, aux anciennes bases d'imposition qui étaient, suivant les taxes, la valeur nominale, la valeur réelle et le revenu.

Notre système qui, au total, n'augmente que d'environ 17 millions les ressources du Trésor, se caractérise simplement par une péréquation des charges respectives pesant sur les diverses valeurs françaises, et coustituent une réforme démocratique, toute en faveur des petits porteurs, dont on sait que les préférences vont généralement à l'obligation type chemin de fer ou Ville de Paris.

Le tableau des pages 86-87 fera nettement ressortir les avantages que retireront de la réforme les porteurs de valeurs rentrant dans cette dernière catégorie, si on remarque que l'ensemble des impôts qui frapperont ces valeurs n'excédera pas désormais 11 °/₀ du revenu brut.

Les articles 75 et suivants organisent le régime fiscal des valeurs mobilières étrangères, en ce qui concerne également les droits de timbre et de transmission.

Ils complètent les dispositions de l'article 22, en supprimant le régime, universellement condamné, connu sous le nom de régime de l'abonnement, et en faisant disparaître définitivement toutes les formalités, les obligations, les restrictions qui pèsent si lourdement aujourd'hui sur les sociétés étrangères et leur ferment en partie l'accès du marché français.

Ils établissent pour les droits de timbre et de transmission, l'assimilation complète entre les fonds d'Etats étrangers et les valeurs émises par les sociétés, compagnies et autres collectivités, de même que l'article 24 l'avait déjà fait, pour l'impôt général sur les revenus.

En représentation des droits de timbre et de transmission qui frappaient les valeurs étrangères, et par application du principe d'équivalence avec les valeurs françaises (principe que nous entendons strictement respecter), l'article 75 établit sur toutes les valeurs étrangères circulant en France, sans distinction ni exception d'aucune sorte, une taxe annuelle supplémentaire de 1 0/0 assise sur le revenu, et un droit de timbre au comptant de 2 0/0 assis suivant les cas sur la valeur nominale ou sur la valeur réelle.

ACTIONS FRANÇAISES

DÉSIGNATION DES TITRES	NOMINAL de L'ACTION	DIVIDENDE BRUT de l'action	MONTANT DES 3 IMPÔTS — Timbre Revenu Transmission	PROPORTION DES IMPÔTS — Rapport des colonnes 4 et 3
1	2	3	4	5
Salines de l'Est	250ᶠ	24ᶠ00ᶜ	1ᶠ 97ᶜ	8 20 0/0
Ardoisières de l'Anjou	250	14 00	1 15	8 21
Banque de Paris et des Pays-Bas...........	500	60 00	5 00	8 50
Tramways de Paris et du département de la Seine	500	25 00	2 14	8 56
Crédit mobilier français	100	6 25	0 56	8 96
Crédit lyonnais...........................	500	50 00	4 55	9 10
Banque transatlantique....................	500	12 50	1 15	9 28
Chemins de fer du Nord...................	400	68 00	6 60	9 70
Châtillon-Commentry-Neuves-Maisons	500	50 00	5 08	10 16
Chemins de fer de l'Ouest	500	35 50	3 68	10 28
Société foncière lyonnaise	500	15 00	1 56	10 40
Éclairage de Bordeaux....................	250	6 25	0 69	11 04
Établissements Orosdi-Back................	100	13 00	1 03	11 44
Chemins de fer du Sud de la France........	500	9 00	1 14	12 66

OBLIGATIONS FRANÇAISES

DÉSIGNATION DES TITRES	NOMINAL de L'OBLIGATION	INTÉRÊT BRUT de l'obligation	MONTANT DES 3 IMPÔTS Timbre Revenu Transmission	PROPORTION DES IMPÔTS Rapport des colonnes 4 & 3
1	2	3	4	5
Ville de Paris 2 0/0 1898...................	500f	10f 00c	1f 52c	15 20 0/0
Ville de Paris 2 1/2 0/0 1892.................	400	10 00	1 42	14 20
Communales 1892 2.60 0/0.................	500	13 00	1 78	13 70
Nord 2 1/2 0/0	500	12 50	1 65	13 20
Ville de Paris 3 0/0 1871	400	12 00	1 54	12 83
Communales 1880 3 0/0....................	500	15 00	1 91	12 70
Lyon-Méditerranée 3 0/0	500	15 00	1 82	12 13
Ouest 3 0/0 (anciennes)...................	500	15 00	1 81	12 06
Docks du Havre 3 0/0....................	500	15 00	1 80	12 00
Foncière Lyonnaise 3 0/0.................	500	15 00	1 78	11 86
Gaz Lebon 3 0/0.....	500	15 00	1 78	11 86
Ville de Paris 4 0/0 1865	500	20 00	2 22	11 10
Entrepôts et Magasins généraux de Paris 4 0/0	500	20 00	2 12	10 60
Est 5 0/0	500	25 00	2 63	10 52
Société lyonnaise Eaux et Eclairage 4 0/0.....	500	20 00	2 10	10 50
P.-L.-M. 5 0/0	500	25 00	2 60	10 40
Etablissements Maletra 5 0/0................	500	25 00	2 34	9 36
Grands Moulins de Corbeil 4 1/2 0/0........	500	22 50	2 08	9 24
Gaz général de Paris 5 0/0	300	15 00	1 38	9 20
Port de Rosario 5 0/0	500	25 00	2 28	9 12

Dans ces conditions, si nous supposons deux valeurs identiques, restant au pair et rapportant 4 0/0, l'une française et l'autre étrangère, la valeur étrangère se trouvera finalement avoir supporté les mêmes charges que la valeur française au porteur, après neuf années de circulation en France, et les mêmes charges que la valeur française nominative après cinquante années de circulation.

On remarquera d'ailleurs que dans un système, comme le nôtre, de libre accession du marché français, il n'est pratiquement possible de taxer la valeur étrangère que de deux façons : par le timbre au comptant, lors de sa première apparition, par la retenue sur le coupon, lorsque celui-ci se présente à une banque française. En demandant 2 0/0 au droit de timbre, nous demandons à la valeur étrangère le maximum de ce qu'elle consentira à payer, de l'avis général, pour prix de son introduction ou de son émission en France. En demandant au coupon 4 0/0 d'impôt sur le revenu, plus 1 0/0 de droit de remplacement, nous considérons également que nous le frappons jusqu'à l'extrême limite au-delà de laquelle la prime à la fraude deviendrait si avantageuse que nous nous exposerions à assister à une évasion importante de la matière imposable.

Les articles 76 et 77 déterminent les conditions d'assiette et de perception du droit de timbre au comptant.

Ce droit n'est pas soumis aux décimes.

Il est perçu sur la valeur réelle ou négociable, toutes les fois que celle-ci est supérieure à la valeur nominale. Nous assurons ainsi à l'impôt une plus exacte proportionnalité.

C'est pour des considérations d'équité analogue que l'article 76 supprime le minimum de perception établi par l'article 3 de la loi du 28 décembre 1895, en vertu duquel le droit de timbre, lorsqu'il portait sur des coupures de 25 fr., si fréquentes dans les sociétés anglaises pouvait aller jusqu'à représenter 8 % de la valeur nominale des titres.

Les articles 77 et suivants déterminent les obligations imposées aux intéressés en vue d'assurer l'exacte perception du droit de timbre.

L'article 77 vise le cas d'émission, de mise en souscription, d'exposition en vente de titres nouvellement créés ou à créer. Dans ce cas il doit être fait dix jours à l'avance, au bureau de l'Enregistrement, une déclaration préalable à toute opération, et même à toute annonce ou publication, et les droits correspondants doivent être acquittés avant la remise des titres aux souscripteurs ou preneurs.

L'article 78 vise les cas de négociation, introduction, admission à la cote, remboursement, transfert, énonciation dans un acte quelconque de titres déjà préexistants, et il décide qu'aucune de ces opérations ne pourra être effectuée ou simplement annoncée ou publiée avant que les valeurs en questions n'aient acquitté le droit de timbre.

A titre de disposition transitoire, l'article 79 admet au timbrage, moyennant un droit réduit (1 % ou 1 50 %), les titres qui acquittent actuellement les droits d'abonnement et se présenteront à la formalité dans les six mois qui suivront la promulgation de la loi.

L'article 80 édicte les sanctions relatives aux prescriptions qui précèdent ; il ne comporte aucun commentaire.

Par les articles 81 et 82, nous proposons de renforcer les moyens de contrôle dont dispose l'Administration à l'égard des sociétés de crédit, et nous cherchons à étendre l'exercice de sa surveillance, dans la mesure du possible, jusque sur les opérations que les contribuables effectuent à l'étranger par leur intermédiaire.

Enfin, l'article 83 étend à toutes les maisons de banque, de change, d'escompte et aux officiers ministériels l'obligation de communiquer leurs registres, titres, pièces de recettes, de dépenses, de comptabilité, etc., qui n'était imposée jusqu'ici qu'aux sociétés de crédit ou à certains professionnels limitativement énumérés ; il met fin ainsi à un régime de privilège dont certaines maisons de banque ont peut-être abusé.

Ce droit de communication pourra s'exercer, sans limitation, en vue de l'exécution de toutes les lois sur l'enregistrement, le timbre, l'impôt sur le revenu, et il est accordé non seulement aux agents de l'Administration de l'Enregistrement, mais encore aux fonctionnaires de l'Inspection générale des Finances.

Dans le but de mettre les contribuables à l'abri de toute indiscrétion, l'article 84 assujettit au secret professionnel toutes les personnes appelées à l'occasion de leurs fonctions ou attributions à concourir à l'établissement de l'impôt sur le revenu. Il prescrit en outre l'envoi par la poste et sous enveloppes fermées de tous les avis ou communications concernant cet impôt.

Certains droits ou obligations dépendent actuellement du fait de l'imposition à la taxe personnelle qui constitue une partie intégrante de la contribution personnelle-mobilière. Cette contribution étant supprimée par le projet, il fallait substituer à la condition actuellement exigée, qui ne pourra plus, à l'avenir, être remplie, une condition nouvelle ; tel est l'objet de l'article 85.

De même, le projet supprimant également la contribution

foncière, il était nécessaire de fournir une autre base à la taxe des biens de mainmorte. L'article 86 y pourvoit en disposant que cette taxe aura pour base, à l'avenir, l'impôt sur les revenus des propriétés bâties et non bâties.

Aux termes de l'article 87, les dispositions édictées pour l'assiette de l'impôt général sur les revenus ne sont pas applicables aux exploitations minières qui restent passibles de la redevance qu'elles payent actuellement. Cette redevance constitue, en effet, un véritable impôt sur le revenu qu'il n'y a aucune raison de modifier.

L'article 88 dispose que des règlements d'administration publique détermineront les mesures d'exécution nécessaires pour l'application du projet. L'établissement de l'impôt sur le revenu exige, en effet, ainsi que nous avons eu déjà l'occasion de le faire remarquer au cours de notre examen des articles, des prescriptions de détail qui ne sont pas du domaine de la loi.

L'élaboration des règlements d'administration publique, la réfection des évaluations foncières et la préparation des instructions administratives que nécessitera le nouveau régime fiscal exigeront naturellement un certain délai. C'est pour réserver ce délai absolument indispensable à la bonne exécution de la réforme que l'article 89 recule l'entrée en vigueur de la loi jusqu'à l'expiration de l'année qui suivra celle de sa promulgation.

Centimes départementaux et communaux

L'article 90, qui termine le projet, renvoie à une loi spéciale l'organisation de la réforme des impositions départementales et communales. Cette réforme soulève, en effet, des questions extrêmement complexes qui méritent, par l'importance des intérêts qu'elles mettent en jeu, d'être examinées et discutées à part. Tout en ajournant aujourd'hui la solution de ces questions, nous avons la ferme volonté de la faire aboutir à très bref délai et nous allons, dans ce but, entreprendre immédiatement les études et les travaux nécessaires.

ÉQUILIBRE DE LA RÉFORME

Le projet de loi aura pour effet de retrancher des recettes annuelles du Trésor une somme que l'on peut évaluer, en chiffres ronds, à 690 millions, suivant le détail donné ci-après :

Millions

1º Suppression de la contribution foncière (propriétés bâties).................... 91

2º Suppression de la contribution foncière (propriétés non bâties) 105

3º Suppression de la contribution person-nelle-mobilière 101   } 501

4º Suppression de la contribution des portes et fenêtres 66

5º Suppression de la contribution des pa-tentes................................. 138

6º Suppression de la taxe de 4 p. 0/0 sur le revenu des valeurs mobilières françaises. 71   } 80
—   —   étrangères 9

7º Suppression des droits de timbre et de trans-mission sur les valeurs mobilières françaises et étrangères 109

TOTAL des recettes supprimées........ 690

Pour remplacer ces recettes, le projet prévoit l'établissement d'un ensemble de taxes dont nous évaluons le rendement total à 694 millions, savoir :

I. Impôt général sur les revenus par catégories :

Millions

1re catégorie (revenus des propriétés bâties) — 96

2e catégorie (revenus des propriétés non bâties)................................. — 50

3e catégorie (revenus des capitaux mobiliers) :
a) Valeurs mobilières françaises. 71
b) Valeurs mobilières étrangères. 36
c) Rente française .... 14 } 124
d) Créances, dépôts, cautionnements).................... 3

4e catégorie (revenus du commerce et de l'industrie)......................... — 128

5e catégorie (bénéfices agricoles)........ — 21

6e catégorie (traitements, salaires, pensions) — 18

7e catégorie (revenus des professions libérales)............................ — 6

} 443

II. Impôt complémentaire sur l'ensemble des revenus................................. 120

III. Remplacement des droits de timbre et de transmission sur les valeurs mobilières par une taxe sur le revenu des mêmes valeurs............ 131

TOTAL des recettes nouvelles......... 694

La réforme se traduira donc, en résumé, par une augmentation de recettes de 4 millions. Cette somme nous paraît être le minimum de la marge qu'il est prudent de réserver dans une œuvre fiscale aussi considérable.

NIORT. IMPRIMERIE NOUVELLE, G. CLOUZOT.

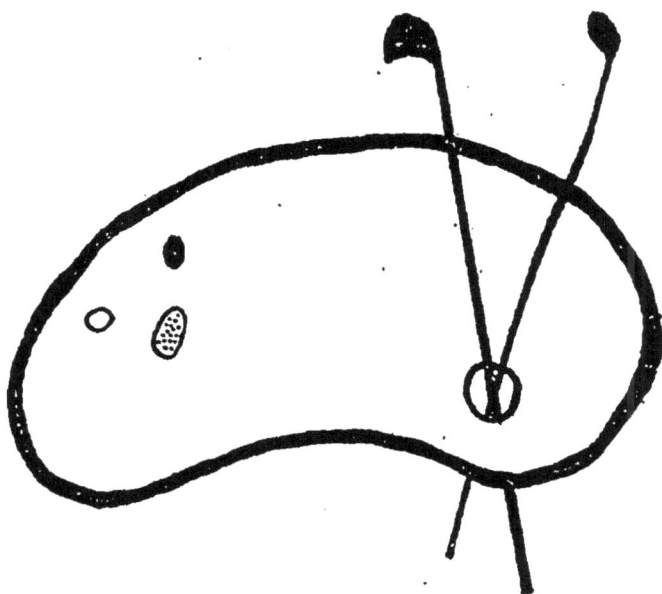

ORIGINAL EN COULEUR
NF Z 43-120-8

www.ingramcontent.com/pod-product-compliance
Lightning Source LLC
Chambersburg PA
CBHW060627200326
41521CB00007B/924